帝国缩影

明清时期的里社坛与乡厉坛

刘永华　著

北京师范大学出版集团
BEIJING NORMAL UNIVERSITY PUBLISHING GROUP
北京师范大学出版社

刘永华

厦门大学历史系学士、硕士，麦吉尔大学东亚系博士，复旦大学历史学系教授。主要研究方向：明清社会文化史、明清社会经济史，撰有中英文专著 *Confucian Rituals and Chinese Villagers* (2013)、《礼仪下乡：明代以降闽西四保的礼仪变革与社会转型》（2019）及评论集《时间与主义》（2018），担任"历史–人类学译丛"共同执行主编，并主编、翻译论著多种。

目

录

自　序

在明清社会文化史上，明初建立的里社坛、乡厉坛制度，似乎只是一个微不足道的制度。这一制度在明王朝的祭祀等级体系中只占有卑微的位置，而且在多数地区推行的时间只有数十年至近百年，无怪乎日本学者滨岛敦俊在谈到这一制度时，对它的推行本身提出了质疑："经历了南北朝以来（江南三角洲是宋元以来）的数百年中，农民把特定的人格神当作聚落或地缘性社会集团的守护神来崇拜。很难相信，农民们能在一夜之间放弃自己原来的崇拜，改信自上而下强迫接受的非人格神祭祀"。"假使乡村居民听从命令，那也是'阳奉阴违'的。也就是说，形式上进行里社坛的祭祀，实际上仍在进行原来的土地庙信仰、祭祀。"①

然而近些年以来，我和其他学者在阅读文献及在闽西、闽南、徽州等地开展田野调查的过程中发现，尽管这一制度在推行过程中存在不少地区差异，但有确凿的证据显示，它曾在全国范围内推行。更重要的是，这一制度给一些地区带来的影响，可能比过去学者愿意承认的要更为深入和持久，甚至时至今日，我们依然可以在这些地区的社会文化景观中找到这一制度留下的印记。事实表明，对于里社坛、乡厉坛制度，今天有重新认识的必要。

　　正是出于这个考虑，我撰写了这本小书。本书将综合其他学者的发现，在梳理历史上社祭、厉祭源流的基础上，评估明初推行里社坛和乡厉坛制度的时代意义；透过考察明初里社坛、乡厉坛制度的出台和推行，论述这一制度出台的时代背景和推行实态；最后综合分析这一制度与乡村社会之间的关系，探讨这一制度给明清乡村带来的影响。

在进入讨论之前，对这本小书考察的范围稍作限定。首先，由于"社"字在古代中国具有非常丰富的内涵，表述的对象颇为不同②，本书将考察对象限定为社稷坛及其各种变异形态，其他虽被指称为"社"但跟这一制度没有实际关联的实体，不在本书讨论之列。

其次，明清时代的社稷坛、厉坛制度，是与不同行政层级相对应的阶序性体系，包括都城的太社稷、泰厉，地方各级的府州县社、厉，以及乡里的里社和乡厉。③为了集中探讨两坛祭祀制度与乡村社会的关系，本书将聚焦于这个阶序体系的下端，即在乡里层面建立的里社坛和乡厉坛及相关制度。只有在叙述这个体系的源流和基本构架之时，才会触及这个体系的其他层级。

最后，里社坛、乡厉坛制度是在明初建立的，清代一方面因袭前朝旧制，继续在府州县层面祭祀两坛，另一方面则不再在乡里推行社坛、厉坛制度，故而在探讨两坛制度的出台和推行时，笔者探讨的重点是明代；不过由于史料限制，本书在论及这一制度与乡村社会的关系时，较多引证清代史料。

注　释

① ［日］滨岛敦俊：《明清江南农村社会与民间信仰》，朱海滨译，144～145 页，厦门，厦门大学出版社，2008。

② 对中国古代社的不同内涵与形态的讨论，参见沙畹（Edouard Chavannes）的《古代中国的社神》，见邢克超选编：《沙畹汉学论著选译》，邢克超、杨金平等译，153～208 页，北京，中华书局，2014。Kenneth Dean, "Transformation of the She（Altars of the Soil）in Fujian," F. Verellen, ed., *Cults of Saints／Cults of Sites*, *Cahiers d'Extrême-Asie* 9（1998）, pp. 19-75（丁荷生：《福建社神之转型》，见刘永华主编：《中国社会文化史读本》，234～273 页，北京，北京大学出版社，2011）；杜正贞：《村社传统与明清士绅：山西泽州乡土社会的制度变迁》，7～13、254～261 页，上海，上海辞书出版社，2007。

③ 还应补充的是，某些省份在清代乾隆年间出现了省社稷神的名号，但这一事例没有成为全国性的制度在各地推广。由于主题所限，笔者将另文探讨省社稷神问题。

历史上社祭与厉祭的源流

洪武八年(1375年)，明太祖下令全国各里建立里社坛，每年春秋两季举行祭祀。五年前的洪武三年(1370年)，明王朝已出台厉坛制度，命令各里建立乡厉坛，每年举行三次祭祀。想要理解明初在全国推行里社坛、乡厉坛祭祀制度的时代意义，就有必要回顾历史上的社祭、厉祭制度，从长时段的脉络之中，理解明初出台的这个制度的新意。

一、社祭与厉祭的起源

中国历史上的社稷祭祀和对厉的祭祀，均可上溯至先秦时代，不过两者的起源不同，演进过程也不尽相同，至明初才合流。

社稷的祭祀源自对土地及其出产物的崇拜。"社"字见于殷墟甲骨和周代金文，兼具祭祀空间、祭祀神明名号和祭祀礼仪本身等多种内涵。社通常写作"土"，象征社祭的对象。社祭的对象，或封土为之，或以树丛标识，或以石为之。[①]后来在土地崇拜的基础上，出现了对土地出产物的崇拜，并随着历史的演进，产生了对农业神的祭祀，结果是形成了由五土、五谷及相关神明为主要祭祀对象的礼制体系，我们姑且称之为社稷坛祭祀体系。

有关举行社稷祭祀的理由，《国语·周语》中有一段论述。周宣王即位后，"不籍千亩"，虢文公在进谏中，提到古人的说法，"自今至于初吉，阳气俱蒸，土膏其动。弗震弗渝，脉其满眚，谷乃不殖"[②]。进入春季后，阳气升腾，土中湿气欲动，如果不发动变泄其气，则脉满气结，变为灾病，谷物就无法繁殖。正因如此，有必要举行祭祀，宣泄土气，以确保作物丰收。这种说法阐述了古人对土地的一种理解，也解释了举行社祭的主观诉求。

与社祭不同，对厉的祭祀源自对横死者的恐惧，或更准确地说，是对横死者灵魂作祟的恐惧。这种恐惧心理及因此衍生的对厉的祭祀，或许在史前就已存在。不过传世文献对厉的记载，比社要晚。商代似无祭厉的记载，周代建立"七祀"制度，开始对厉进行祭祀（详后）。不过，对周代厉祭最经典的表述，来自《左传·昭公七年》。郑国大夫良霄（字伯有）被政敌所杀后，其魂魄为厉作祟，国人恐惧。郑国卿子产解释道：

> 人生始化曰魄，既生魄，阳曰魂。用物精多，则魂魄强，是以有精爽至于神明。匹夫匹妇强死，其魂魄犹能冯（凭）依于人，以为淫厉，况良霄，我先君穆公之胄，子良之孙，子耳之子，敝邑之卿，

从政三世矣。郑虽无腆，抑谚曰"蕞尔国"，而三世执其政柄，其用物也弘矣，其取精也多矣，其族又大，所冯厚矣，而强死，能为鬼，不亦宜乎。

　　子产认为，人生后就会有魂魄，横死者离世后，其魂魄有可能为厉，身份高者，由于生前享用的物品既精且多，因而魂魄较为强悍，为厉带来的祸害也就比较大。良霄出身显贵，三世执郑国之政柄，用物精多，自然属于为厉祸害较大的一类。要处理为厉的问题，子产的提议是妥善安顿横死者的魂魄，"鬼有所归，乃不为厉"。安顿死者魂魄后，死者接受例行的祭祀，就不再为厉了。这通常被视为厉祭的缘起，由此，厉祭成为祭奠孤魂的一种礼仪。补充一句，后世认为，不仅横死的孤魂会作祟，无祀的孤魂也是如此，甚至被作为淫祀、踢出祀典的神明，也会祸害民众，因而都需要加以祭祀，使其有归属。

二、历代社祭制度的演进

　　社祭很可能源自史前的土地崇拜。不过，对社祭的文献记载，是从商代开始的。商代在营建都邑，修建宗庙的同时也建社。卜辞中的"亳土"，应该就是商人在各地都邑建立的社。在卜辞中，有贞人祭于社主之石，卜问某地是否适合建都邑的记载。有关土（社）祭的卜辞有百余条，商人祭社的目的，以求年、求雨、宁风、禳雨为主，祭品有豕、犬、牛、羊乃至羌人等。在举行社祭时，多同时举行方祭。方祭即祭祀东、南、西、北四方。土为中和四方的观念，成为后世"五方"配"五行"观念之基础。今江苏铜山丘湾、河南郑州商城均发现了商代社祭遗址。③

　　周代基本上继承了商代社祭制度。商代在各处建立了亳社，周代商后，这些社成为"亡国之社"，周人建屋其上，并开北牖(北面的窗户)。《礼记·郊特牲》的解释是："天子大社，必受霜露风雨，以达天地之气也。是故丧国之社屋之，不受天阳也。薄(亳)社北牖，使阴明也。"在亳社之上建屋并在北面开窗，根据孙希旦的说法，是"通其阴而绝其阳"(《礼记集解》注)。春秋以前，社祭多与方(方位)祭相提并论。自春秋开始，社、稷的祭祀组合逐渐取代了方、社的祭祀组合，社稷被普遍视为国家的代称，后世社稷并举的格局基本成型。

周代社祭另一个值得注意的面向是，社制与等级秩序相配合。根据《礼记·祭法》的说法："王为群姓立社，曰大社；王自为立社，曰王社；诸侯为百姓立社，曰国社；诸侯自为立社，曰侯社。大夫以下，成群立社，曰置社。"王和诸侯可以立社，而大夫以下不可自为立社，但可"成群立社"。所谓"大夫以下"，是指大夫、士、庶人等等级。允许大夫以下"成群立社"，是指他们可以视同王立大社、诸侯立国社的做法立社。此处侧重区分的是"自立社"和"成群立社"的做法。大夫以下的社会等级，包括庶人在内，应该可以建立群社，集体举行社祭。这种祭祀活动，成为每年民众聚会的重要场合。事实上，有史料证明，至春秋、战国时期，祭社成为民众欢聚的节日，此即后世所称的"社日"。④但这些活动是如何被纳入官方的祭祀体系，或者说民众的祭社活动与官方的祭社之间是否有关联、有何关联，则有待进一步研究。

根据学界研究，汉代朝廷、郡国、县、乡、里各级行政单位均立社，分别称为帝社、郡社、国社、县社、乡社、里社等。在祭祀的组织方面，县以上和乡里是不同的。宁可认为，"县和县以上的社由政府设置，官府致祭"，"县以下的乡社、里社，则由居民自己组织祭祀"。⑤有关汉代所立里社，学界多引《礼记·祭法》郑注、《史记》《汉书》相关史料为证。上引《礼记·祭法》大夫以下立社一句，郑注："大夫不得特立社，与民族居，百家以上则共立一社，今时里社是也。"亦即大夫立社之法，类似于汉代百家共立里社之法。《史记》卷二八《封禅书》谈到汉初推行的祭祀政策："高祖十年春，有司请令县常以春二月及腊祠社稷以羊豕，民里社各自财以祠。制曰：'可。'"⑥此处县社与里社对举，县社由官府致祭，而里社由民众组织。《汉书》卷二七《五行志中之下》本文与注均涉及汉代私社问题："建昭五年，兖州刺史浩赏禁民私所自立社。"注：张晏曰："民间三月九月又社，号曰私社。"臣瓒曰："旧制二十五家为一社，而民或十家五家共为田社，是私社。"⑦张晏和臣瓒对私社的理解各不相同，前者认为私社是指不在法定的二月、八月，而是在三月、九月举行社祭的做法，而后者主张私社是社下家户不满二十五户，数家共为田社的做法。从上文对"自立社"的解释看，后者的理解较为有理。这种"自立社"的做法，不仅违背朝廷礼制，而且导致里、社分离（即社祭与地域分离），社从乡里组织转变为自愿结社⑧，有可能潜在危及社会秩序和王朝的统治根基，因而为地方官所禁。综合三条史料可知，汉代在地方上大致承袭了前代的做法（当然因时代变动，淡化了自立社的做法），允许民间立社。不过同时也应当看到，汉代文献中，未见有朝廷命各地立社、例行举行社祭的记载。毕竟，允许立社与下令立社并不相同，前者是"可"与"不可"的问题，后者是"必"与"不必"的问题。

汉代以后，面对里、社分离，私社盛行的问题，朝廷常致力于维持或恢复传统里社。《隋书》卷七《礼仪二》记载，梁制"每以仲春仲秋，并令郡国县祠社稷、先农，县又兼祀灵星、风伯、雨师之属。及腊，又各祠社稷于坛。百姓则二十五家为一社，其旧社及人稀者，不限其家。春秋祠水旱，祷祈祠具，随其丰约"。陈依梁旧。隋开皇（581—600 年）初规定，社稷之祭，"州郡县二仲月，并以少牢祭，百姓亦各为社"⑨。

唐代开国之初，曾下诏各地举行社祭，要求"京邑庶士，台省群官，里闾相从，共尊社法，以时供祀，各申祈报"，同时"且立节文，明为典制"，"布告天下，即宜遵用"。⑩唐代州县官春秋祭祀社稷，朝廷制定了州县的社稷祭祀制度，《开元礼》中有"诸州祈社稷"及"诸县祭社稷"等条，对州县社稷祭祀仪式作了具体规定。⑪州县以下，有里社祭祀制度，《开元礼》便对里社典制作了具体规定，今见于《开元礼》卷七十一《吉礼》"诸里祭社稷"与《通典》卷一百二十一《吉十三》"诸里祭社稷"条。

"诸里祭社稷"条是里社祭祀社稷的仪注，包括里社祭祀前一日和正日的程序。祭祀前一日，社正及参与祭祀的社人应清斋一日，相关执事打扫祭祀场所（神树），安排相关祭器。祭祀当天，掌事者备好祭品后，赞礼者引导社正等在神座前行礼、奠酒。然后，祝持版读祝文。读毕，社正等再次奠酒。奠毕，祝酌社稷神福酒，社正受酒后，跪祭酒，然后饮之。最后，将祭牲之血埋于指定地点。仪注预设的祭祀主体是社正，相关执事有所谓"掌事者"(操办祭祀的普通执事)、赞礼者(负责引导礼仪的仪式专家)、祝(读祝文的执事)、社人等。社祭的中心，是所谓的"神树"，亦即上古文献中提及的社树，可见在《开元礼》的设计中，里社尚未以坛为中心，更未对社坛之形制作出具体的规定。⑫

在唐代朝廷颁布的社稷礼制诏令中，州县的社稷祭祀只是偶有提及，而对里社祭祀则基本没有触及。朝廷对里社祭祀是许可、鼓励还是严令推行，上述唐初诏令的内容笼而统之，现在难考其详。宁可研究秦汉至隋唐社祭有年，他指出，"在唐代文献中，里社的记载不多"⑬。敦煌出土了几件社祭文书，余欣认为应为沙州官府所用文书，而民间所用社斋文、祭文虽为数不少，却具有浓厚的佛教色彩，没有一件与社祭相关。⑭因此，一方面，从唐初下诏强调社祭，到《开元礼》制定诸里祭社稷仪注，跟魏晋以来历朝相比，唐王朝对社祭无疑更为重视；另一方面，从现有史料看，相关制度是否在各地乡里层面普遍推行，颇令人怀疑。从现有史料推断，朝廷虽然制定了里社祭祀的仪注，不过没有提及社稷坛制度与其他乡里制度之间的关联，故而这一制度是否得到落实、如何落实，尚存不少疑点。另外，乡里社稷祭祀在史料中罕见提及，因此如果这个制度曾在乡村推行，延续时间恐怕也不会太长。

在唐代祀典制度中，社稷的地位时有变动，有时列入大祀，有时列入中祀。⑮宋制明确将社稷列入大祀。宋代朝廷祭祀大社、大稷，州县祭祀本州、本县社稷，州县以下，并无明文规定立社。宋王朝较为注意州县的社稷祭祀，景德四年（1007年）、元丰七年（1084年）、政和五年（1115年）的诏令均触及州县社稷祭祀，其中景德四年和政和五年针对天下社稷祭祀等"多委曹掾摄事"的做法，特别要求州县长吏亲自主持祀事。但这些诏令对里社祭祀，无只字提及。⑯《政和五礼新仪》中，朝廷太社、太稷祭祀和州县社稷祭祀都开列了详细的仪注，唯独没有提及里社。因此可以推断，宋代并未在乡村推行里社祭祀制度。这一做法延续至整个元代。[⑰] 明初里社坛制度出台后，这一局面才有所改观。

三、历代厉祭制度的演进

跟社祭一样，对厉的祭祀，应可上溯至史前。商代可能没有祭厉的制度，《通典》云："殷制，天子祭五祀：户一，灶二，中霤三，门四，行五"[⑱]，没有提及厉祭。周代建立天子七祀制度后，方才把厉列入。《礼记·祭法》云：

> 王为群姓立七祀：曰司命，曰中霤，曰国门，曰国行，曰泰厉，曰户，曰灶；王自为立七祀。诸侯为国立五祀：曰司命，曰中霤，曰国门，曰国行，曰公厉；诸侯自为立五祀。大夫立三祀：曰族

厉，曰门，曰行。适士立二祀：曰门，曰行。庶士、庶人立一祀：或立户，或立灶。

周代的七祀制度，与立社制度的精神颇为类似。立社包括"成群立社"与"自为立社"两个系列，七祀也有"成群立祀"与"自为立祀"两个系列。王、诸侯可成群立社，亦可自立祀，而大夫、士、庶人只能成群立祀。五个等级中，王、诸侯、大夫可立厉，分别称作泰厉、公厉和族厉，其余两个等级不可立厉，不过他们应可参与大夫所立族厉的祭祀。厉祭的对象，郑玄的解释是："泰厉，谓古帝王无后者也。此鬼无所依归，好为民作祸，故祀之。公厉，谓古诸侯无后者。族厉，谓古大夫无后者。族，众也。大夫无后者众多，故言'族厉'。"（《礼记·祭法》郑玄注）王、诸侯、大夫之无后者，死后无所依归，其魂魄好为厉，因而需祭之。

尽管《礼记·祭法》对厉祭有较为明确的记载，然而，自汉代以降，历代朝廷对厉祭的态度时有变动，厉祭有时被列入祀典，有时则从祀典除名。《通典》云："汉立五祀"，并引《白虎通》云："户一祀，灶二祀，门三祀，井四祀，中霤五祀。岁一徧，有司行事礼颇轻于社稷"[19]，可知汉从殷制，只行五祀，不祭厉。不过，据《汉书》卷二十五《郊祀志》载，汉初天下已定，朝廷致力于建立郊社制度，在各地建祠祀神，其中有"南山巫祠南山、秦中"的记载，并说明"秦中者，二世皇帝也"。张晏注谓"以其强死，魂魄为厉，故祠之"，并补充说，"成帝时匡衡奏罢之"。由于秦二世属横死者，死后无人祭祀，其魂魄为厉，故而汉初命南山之巫祠祭之。然而，至成帝在位时（公元前33—前7年），匡衡上奏罢之。可见，西汉前期虽无七祀，不祭厉，但南山巫祠秦中的制度，实际上可视为厉祭的一种变异形态。

曹魏时期，沿袭汉代的五祀制度，晋代则沿用魏制。晋代以后，战火纷飞，"诸祀无闻，唯司命配享于南郊坛"。隋制也仅祭五祀。据《通典》载，唐初"废七祀，唯季夏祀祭中霤"。隋初祭五祀，何时从五祀改为七祀，今不可考。一种可能是隋末已改行七祀，因而才会有所谓唐初"废七祀"的说法；或是唐开国之初，先行七祀，不久废之，亦未可知。至开元中制礼，改"祭七祀，各因时享，祭之于庙庭"，再度启用七祀制度，"门、厉以秋"，祭厉的时节在秋，与门一同祭祀。[20]宋代祭七祀，沿用前代先例，秋祀门及厉，熙宁八年(1075年)、元丰三年(1080年)、元丰四年(1081年)均发布了与七祀相关的政令。[21]

那么州县层面的情形如何呢?《礼记》为不同等级开具了祭厉等则，不过似乎从汉代以来，朝廷并未要求州县建立厉坛、举行厉祭，更没有要求州县以下的乡里组织建坛祭厉，因此，《明史》在征引《左传》《仪礼》所载厉祭制度后，谓尽管在汉代厉祭"达于上下"，"然后世皆不举行"。[22]当然，这并不意味着，在明初推行厉坛制度之前，厉坛并未出现过。有资料显示，宋元时代若干州县有厉坛修建之举。嘉泰《吴兴志》载：归安"邑厉坛，倚郭县不设，附郡厉坛同祭"㉓，而崇祯《吴县志》称"邑厉坛，宋建于白莲桥内，元因之，本朝附祭于郡厉坛"㉔，可说明至少宋代江南的部分州县是建有厉坛的。又据弘治《八闽通志》载，闽清、南靖两县厉坛都是因元旧址重建，嘉靖《长泰县志》则称本县厉坛是"元时设"㉕，均可作元代部分州县修建厉坛之证。有趣的是，《吴兴志》载吴兴下辖六县，仅归安县立有厉坛，其他各县未见记载，可见宋代厉坛之设尚未成为制度，祭厉很可能只是地方性的举动。有论者认为这些宋元时期的厉坛祭祀，可能是一种地方性的祭祀传统㉖，这是有一定道理的。

除了七祀祭厉外，汉代以后还有厉殃祈禳制度，与七祀之制颇不相同，但又牵涉到厉，值得注意。在《通典》中，七祀祭厉属吉礼"天子七祀"条，而祈禳祭厉在吉礼"禳祈"条，因此两者分属厉祭的不同系统。据《通典》载，"汉制，厉殃，祀天地日月星辰四时阴阳之神，以师旷配之。其坛常祀以禳灾，兼用三代苇茭、桃梗。五月五日，朱索五色印，为门户饰，以催止恶气"。汉代厉殃之祭，祭祀的不是横死的孤魂，而是天地日月星辰四时阴阳之神。曹魏初亦祀厉殃。对此，何晏提出质疑："《月令》季春磔禳大催，非所以祀皇天也。夫天道不谄，不贰其命，若之何禳之？国有大故，可祈于南郊。至于祈禳，自宜止于山川百物而已。"王肃更是明确指出，"厉殃，汉之淫祀耳"，是不合礼制的做法。何晏和王肃的提议，可能并未为朝廷所采纳。晋代沿袭曹魏的做法。泰始二年（266年），晋武帝方始以"不在祀典"为由，下诏废止每年春分举行的祠厉殃及禳祠。㉗厉殃祈禳仪式，在南北朝以后似乎未见举行。《开元礼》中，没有举行厉殃祈禳的条目，厉殃很可能已从祀典消失。

总之，社祭和厉祭均可追溯至先秦时代。秦汉以后，朝廷制定了中央和地方行政机构的立社、祭社制度，也以不同形式举行厉祭。不过，在州县以下，朝廷准许乡里组织立社、祭社，但大多数朝代没有下令乡里立社、祭社，多数时候也没有为乡里社祭制定相关仪注；就厉而言，历代朝廷从未在乡里建立厉坛，在庶人中间推行厉祭。从这个角度看，明初出台的有关建立里社坛、乡厉坛及其祭祀的制度，有其历史先例，而且明初推出两坛制度时，应曾参照汉、唐两代的社稷坛制度，但明初在乡里层面建立的社、厉兼祭的制度，与前代乡里的社、厉祭祀颇为不同，可以说是一种创设。那么，这个制度是如何出台的？跟历史上的社祭、厉祭制度相比，有何新意？

注　释

① 先秦社祭的研究成果很多，此处参考的是 Kominami Ichiro, "Rituals for the Earth," in John Lagerwey and Marc Kalinowski, eds.,

Early Chinese Religion, *Volume One*, *Part One*：*Shang through Han* (1250 BC-220 AD)，Leiden：Brill, 2011, pp. 201-234.

② 小南一郎对此也有引述，见 Kominami Ichiro, "Rituals for the Earth," pp. 202-203.

③ 参见赵林：《论商代的社祭》，载《华中学术》，第 14 辑，45～53 页，2016；Kominami Ichiro, "Rituals for the Earth," p. 216.

④ 晁福林：《试论春秋时期的社神与社祭》，载《齐鲁学刊》，66～72 页，1995(2)。

⑤ 宁可：《汉代的社》，载《文史》，8 页，1980(9)。学界对汉代社祭的讨论较多，除宁可的论文外，还可注意劳干：《汉代社祀的源流》，载《"中研院"历史语言研究所集刊》，第 11 本，49～60 页，1944；汪桂海：《汉简所见社与社祭》，载《中国历史文物》，72～76 页，2005(2)等。

⑥ (西汉)司马迁：《封禅书》，见《史记》，卷二八，1380 页，北京，中华书局，1985。

⑦ (东汉)班固：《五行志中之下》，见《汉书》，卷二七，1413 页，北京，中华书局，1964。

⑧ 宁可《汉代的社》论述了汉代里、社分离和社的私人化、自愿化走向。还可参考宁可：《记〈晋当利里社碑〉》，载《文物》，57～60 页，1979(12)。

⑨ (唐)魏征等：《礼仪二》，见《隋书》，卷七，141～142、143 页，北京，中华书局，1982；并参阅宁可：《述"社邑"》，载《北京师院学报》，13～14 页，1985(1)。

⑩ 《立社诏》，见(清)董诰等编：《全唐文》，卷三，37 页，北京，中华书局，1983。

⑪ 参见《吉礼》，见《大唐开元礼》，卷七十一～卷七十三，358～359、361～364、369～370 页，北京，民族出版社，2000。

⑫ 参见《吉礼十三》，见(唐)杜佑：《通典》，卷一百二十一，3081～3083 页，北京，中华书局，1988。

⑬ 宁可：《述"社邑"》，载《北京师院学报》，14 页，1985(1)。

⑭ 余欣：《神祇的"碎化"：唐宋敦煌社祭变迁研究》，载《历史研究》，60～61 页，2006(3)。唐五代时期，敦煌民间多组织社邑，这种组织与里社不同，并非社区性组织，而是受佛教影响的自愿组织，相关研究颇多，兹不赘述。

⑮ 朱溢：《事邦国之神祇：唐至北宋吉礼变迁研究》，57～59 页，上海，上海古籍出版社，2014。

⑯ 参见《郊社十五》，见(宋)马端临：《文献通考》，卷八十二，751～752 页，北京，中华书局，1986。

⑰ 马晓林：《从国都到村社：元代社稷礼制考》，载《史学月刊》，62 页，2017(7)。

⑱ 《礼十一》"天子七祀"，见(唐)杜佑：《通典》，卷五十一，1418 页，北京，中华书局，1988。

⑲ 最后两句话不见于《白虎通·五祀》，疑为杜佑所加。

⑳ 参见《吉礼十》"天子七祀"，见(唐)杜佑：《通典》，卷五十一，1419 页，北京，中华书局，1988。

㉑ 参见《郊社十九》，见(宋)马端临：《文献通考》，卷八十六，784～785 页，北京，中华书局，1986。

㉒ 《礼四》"泰厉"，见《明史》，卷五十，1311 页，北京，中华书局，1974。

㉓ 嘉泰《吴兴志》卷六《坛壝》，见《宋元方志丛刊》，5 册，4717 页，北京，中华书局，1990。

㉔ 崇祯《吴县志》卷之十九《坛庙》，见《天一阁藏明代方志选刊续编》，16 册，478 页，上海，上海书店，1990。以下所引《天一阁藏明代方志选刊续编》收录方志，出版信息相同，不再特别注明。

㉕ 弘治《八闽通志(上)》卷五十八《坛壝》，见《北京图书馆古籍珍本丛刊》，33 册，816、818 页，北京，书目文献出版社，1988；嘉靖《长泰县志·祀制志》的"坛壝"，见《天一阁藏明代方志选刊续编》，38 册，

918 页。

㉖ 董乾坤：《无祀鬼神的盛宴——明清厉坛制度研究》，硕士学位论文，39 页，厦门大学，2012。

㉗ 参见《吉礼十四》"禳祈"，见(唐)杜佑：《通典》，卷五十五，1550～1551 页，北京，中华书局，1988。

明初里社坛与乡厉坛制度的出台

一、明初里社坛制度的出台

明太祖在荡平各地势力的过程中，就开始致力于建立郊社祭祀制度。吴元年(1367年)八月，在南京城建立圜丘、方丘及社稷坛。社稷坛在宫城之西南，北向，社东稷西。可以看出，此时沿袭的是宋元社稷祭祀制度，采用社、稷分立的做法。①

洪武元年(1368年)二月戊申，明太祖亲祭大社、大稷。二月壬寅，为了准备此次仪式，中书省臣李善长、傅瓛、翰林学士陶安等进郊社宗庙议，议定了社坛和稷坛的规制、祭祀社稷的时间及相关仪注等。②可能在此次讨论中，明太祖提出在社稷坛创屋以备风雨的想法。二月壬子，陶安上奏对这个想法提出质疑，他认为"天子大社，必受风雨霜露，以达天地之气"，在坛场创屋"非所宜"。他提议，如果举行祭祀时遇风雨，可于斋宫望祭。明太祖认可了他的说法。③不过，明代社稷坛制并未就此确立。

洪武十年（1377 年）八月癸丑，明太祖命改建社稷坛。据《明太祖实录》记载，明太祖认为，社稷坛建于国初，"未尽合礼"，尤其是大社、大稷分祭不尽妥当，而配祀皆因前代之制，因此颇"欲更建之，为一代之典"，遂命中书下礼部详议其制。礼部尚书张筹等上奏提出两点建议：（一）社稷合祭；（二）罢句龙、弃配位，奉太祖之父仁祖配享。④在此建议的基础上，对社稷坛进行改造。此次改制后，社稷坛制度基本确立，直至嘉靖年间，才变更配享，仍以句龙、后稷配享。⑤永乐迁都北京后，仿照南京的规制，在新都城修建了社稷坛。

除了在京城修建太社坛，明代还在中都建立太社坛，此坛建于洪武四年(1371年)五月，取全国一千三百余城及名山高爽之地的五方土以筑之。⑥王国社稷坛制度，也定于洪武四年。此年正月丙申，命中书省制定王国宗庙及社稷坛壝之制，礼部尚书陶凯等议定王国社稷坛之规制，而王国社稷坛的祭祀之制，则需等到洪武九年(1376年)正月壬午方才最终落实。⑦

洪武元年十二月己丑，朝廷议定太社、太稷祭祀制度数月后，"颁社稷坛制于天下郡邑"，规定：

> (社稷坛)俱设于城西北，右社左稷，坛各方二丈五尺，高三尺，四出陛，三级。社以石为主，其形如钟，长二尺五寸，方一尺一寸，剡其上，培其下之半在坛之南方。坛周围筑墙，四面各二十五步。祭用春秋二仲月上戊日。各坛正配位各用笾四、豆四、簠簋各二、登铏各一、俎二。牲正配位

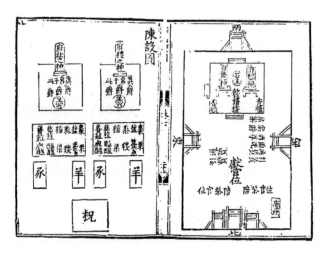

《皇明制书》卷七《洪武礼制》中的府社稷坛图

共用羊豕各一。⑧

可见，此时沿用的是前朝社、稷分立的做法。洪武十一年(1378 年)，下令各地社稷同坛合祭。献官以守御武臣为初献，文官为亚献、终献。洪武十四年(1381年)，令三献官皆以文职长官，武官不参与三献。⑨至此，地方社稷制度确立。

值得注意的是，洪武元年十二月颁布社稷坛制度的文书中，并未提到里社坛。从各地方志来看，也并无洪武前三年建立里社坛的记载。有关里社坛制度的确立过程，《明史》仅有"里社，每里一百户立坛一所，祀五土五谷之神"⑩数语，可见明初朝廷规划的重点，还在建立京城和天下郡邑的社稷坛制度，尚无暇顾及以民众为主体的里社祭祀。那么，这个制度是何时确立的呢？成化《重修毗陵志》载："里社，洪武八年定制，每里立社一，命耆老岁以春秋仲月，用羊一、豕一、酒果，致祭于五土之神、五谷之神，各县并同。"⑪嘉靖《泾县志》亦称："里社坛：洪武八年，令每里置坛一所。"⑫据此推断，里社坛应该是洪武八年(1375年)定制并颁行天下的，只是《明太祖实录》和《明史》都失载。⑬

　　《洪武礼制》"里社"条对里社坛的祭祀制度作了具体的规定，祭祀的仪注和祝文也收录其中。根据这个规定：

凡各处乡村人民，每里一百户内，立坛一所，祀五土五谷之神，专为祈祷雨旸时若，五谷丰登。每岁一户轮当会首，常川洁净坛场。遇春秋二社，预期率办祭物。至日，约聚祭祀。其祭用一羊、一豕，酒果、香烛、纸随用。祭毕，就行会饮。会中先令一人读《锄强扶弱之誓》。其词曰："凡我同里之人，各遵守礼法，毋恃力凌弱，违者先共制之，然后经官。或贫无可赡，周给其家，三年不立，不使与会。其婚姻丧葬有乏，随力相助。若不从众，及犯奸盗诈伪，一切非为之人，并不许入会。"读誓词毕，长幼以次就坐，尽欢而退，务在恭敬神明，和睦乡里，以厚风俗。⑭

里社坛的坛场规制、祭祀主体等问题，将在下节讨论，此处不赘。以下对社稷坛的设计者及其基本理念稍作讨论。

明代社稷坛制度的设计者，亦即史书中提到的"礼官"，滨岛敦俊认为是"出身在江南，尤其是浙东地区的属于正统朱子学派的儒教官僚"⑮。这个礼官群体包括哪些人呢？《明史》有一段话值得注意：

明太祖初定天下，他务未遑，首开礼、乐二局，广征耆儒，分曹究讨。洪武元年命中书省暨翰林院、太常司，定拟祀典。乃历叙沿革之由，酌定郊社宗庙议以进。礼官及诸儒臣又编集郊庙山川等仪，及古帝王祭祀感格可垂鉴戒者，名曰《存心录》。二年诏诸儒臣修礼书。明年告成，赐名《大明集礼》。……又屡敕议礼臣李善长、傅瓛、宋濂、詹同、陶安、刘基、魏观、崔亮、牛谅、陶凯、朱升、乐韶凤、李原名等，编辑成集。且诏郡县举高洁博雅之士徐一夔、梁寅、周子谅、胡行简、刘宗弼、董彝、蔡深、滕公琰至京，同修礼书。⑯

此处提及的参与制礼的 21 位礼官、儒士，应是明初参与制礼的最基本的班底。这 21 人当中，有一定分工。张居正在谈到明初编制《大明集礼》时，认为诸儒的分工是："陶安定郊社，詹同定宗庙，刘基定百官，魏观定祝祭，陶凯定军礼，而曾鲁、徐一夔、董彝、梁寅，又总其纲领，综其条目。"[17]《明史》参与制礼诸礼官合传赞中，也谈及诸人分工：

> 明初之议礼也，宋濂方家居，诸仪率多陶安裁定。大祀礼专用安议，其余参汇诸说，从其所长：祫禘用詹同，时享用朱升，释奠、耕耤用钱用壬，五祀用崔亮，朝会用刘基，祝祭用魏观，军礼用陶凯。皆能援据经义，酌古准今，郁然成一代休明之治。[18]

社稷坛属于广义的郊社范畴，因此很可能出自陶安的建议，下文谈到的厉坛制度，也可能是在他建议的基础上制定的。⑲陶安来自江北而非浙东（他是当涂人），因此，似不宜夸大浙东儒士在明初制礼过程中所起的作用，陶安等来自江北的儒士，在其中可能也曾扮演过为人忽视的角色。

从《洪武礼制》所载《抑强扶弱之誓》中，可以看到社稷坛设计者背后的基本理念。修建里社坛，并在祭坛举行祭祀，不仅仅是为了祈祷风调雨顺，答谢神明赐予丰收，也意在打造一个遵守礼法、守望相助的道义共同体，这一点是南宋以来不少士大夫的社区建设理念的基本宗旨，亦为明初制定里甲制的重要理念来源。⑳在这一意义上说，里社坛和乡厉坛的组织原理，与里甲制度颇有不同。郑振满指出，"里甲组织是为官府服务的基层行政组织"，而"里社组织则为自律性的基层社会组织"，前者有里长、甲首之设，而后者则不论户等。"更为重要的是，里甲组织必须包容同里的所有编户，而里社组织则可以把某些编户排除在外"㉑。此处所谈将某些编户排除在外，指的正是《抑强扶弱之誓》中不许"一切非为之人"入社参与祭祀活动之意。

最后需要补充的是，社稷坛不仅推行于各府州县，从现有证据看，还推行于土司和卫所（厉坛制度也是如此）。如川西马湖地区，有泥溪司、平夷司、蛮夷司、沐川司等土司，明代均建有社稷坛和厉坛。㉒卫所方面，卫、所乃至屯都有社稷坛的建置。赵世瑜近年在鲁西南考察时发现的一通碑铭，讲述的就是屯军修建社稷坛的事例。这通碑铭题为"临清卫左所屯社坛"，碑后落款时间是嘉靖二年（1523 年）七月，立碑人是卫指挥使。碑铭提到：

　　蒙本卫遵照法□经制，每□（屯）建立屯社坛场一所，就查本处淫祠□□□毁改为之，不必劳民伤财，仍行□备、□宁二屯，□自嘉靖元年二月起，

□（凡?）遇春秋□（二?）□（社?），出办□□祭品，依式书写祭文，率领立屯人户，致祭五土五谷□（之?）□（神?），务□诚□□洁，用处祈报。祭毕，就行会饮，并读《抑强扶弱之词》。㉓

从上下文判断，临清卫左屯所的屯社坛，应该不是明初建立的，而是嘉靖元年（1522年）所立，是和乡约、社仓制度结合，一同在各个屯修建起来的。不过屯社坛的祭祀之制，参照的很可能是里社坛的祭祀制度，因此在祭祀完毕后，举行会饮并宣读《抑强扶弱之词》（应即《抑强扶弱之誓》）。从碑阴可知，这个屯的名字是郑全下屯，应该是以百户之姓名命名的。碑阴罗列了该屯约正、约副的名单，可见这种屯社坛祭祀，是以屯军为祭祀主体，以乡约为基本组织形式，参照里社坛祭祀之制进行运作的。碑阴末尾是庙主姓名，足见郑全下屯社坛是以庙宇为基础改造而成，上引文字中"就查本处淫祠……毁改为之"就是佐证。另外，碑铭没有提及厉坛和无祀鬼神祭祀，估计此时在屯是不建厉坛、不行厉祭的。

二、明初厉坛制度的出台

明初厉坛制度的出台，面临的制度遗产与社稷坛制度不尽相同。明初在建立祭祀制度的过程中，两坛祭祀制度并非是同一时间出台的。社稷坛的建制，前代多有先例，制度延续性较强，而厉坛祭祀自汉亡以后久不举行。如果说，明初的社稷坛制度大体是在沿袭前代的基础上加以调整，那么厉坛制度更多的是一种新创，而明太祖本人在其创设过程中，可能扮演过重要角色。

据《明太祖实录》载，洪武三年（1370年）十二月戊辰，"始命祭无祀鬼神"。在征求礼部的意见后，明太祖下令在全国推行厉坛制度：

……乃命京都筑坛于玄武湖中，天下府州县则皆设坛于城北，其各里内又立祭坛。岁以三月清明、七月望及十月朔日，长吏率僚佐候晡时致祭。牲用羊、豕各三，以米三石炊饭。正坛设城隍位，羊一、豕一。坛下东西各席地焚香列炬，各设羊一、豕一，并设饭羹以祭之。坛之南，立石刻祭文。京都谓之泰厉，王国谓之国厉，府州谓之郡厉，县谓之邑厉，民间谓之乡厉，著为定式。㉔

这个规定明确要求天下府州县和各里建立厉坛，每年举行三次祭祀，并具体规定了各级厉坛的名号系列，可知乡厉坛制度是与州县厉坛制度同时出台的。

应该指出的是，明初厉坛祭祀的对象，不只包括各种亡灵。在上引实录中，祭祀对象是所谓的"无祀鬼神"，亦即不仅包括孤魂，还包括神明。这些神明从何而来？笔者认为，他们应该是被视为淫祀、踢出祀典的神明和因其他缘故无人祭祀的神明。在有神论的明初世界中，这些神明一旦无人祭祀，难免为祸作祟，因而把他们汇总于厉坛统一祭祀，有抚慰之意。不过这些神明在后世的祭祀中被淡化乃至遗忘，举行厉坛祭祀时，多半提到的只剩无祀孤魂了。

在解释厉坛制度建立的原委时，《明太祖实录》载："先是，上以兵革之余，死无后者，其灵无所依，命议举其礼"㉕，明确交代是由太祖提议的，其用意包含抚恤的意思。另外，有关太祖建立厉坛的起因，清人毛祥麟认为："明祖初定苏松，邑民钱鹤皋聚众抗命，大将军徐达获之，槛送京师，临刑白血喷注。太祖恐其为厉也，遂令天下设厉坛，祭钱鹤皋等无祀鬼魂，邑有厉坛自此始。"㉖这个说法说得绘声绘色，看似荒诞不经，实则直指人心之常，也许道出了沾满鲜血登上皇位后朱元璋的某种正常心态。事实上，朱元璋登基后不久，即在南京钟山延请高僧，启建无遮水陆法会，史称"蒋山法会"㉗，法会从洪武元年九月开始，一直延续至永乐五年（1407 年），长达近 40 年。举办法会的主要目的，意在救拔战乱伤亡的战士之魂和无辜之灵，借此安顿民心、稳定政局㉘，不过在救拔战乱亡灵的同时，对太祖自己也应是一种救拔，通过厉坛祭祀战乱中失去生命的亡灵，也包括类似的精神诉求。

当然，跟创立社稷坛一样，厉坛的创建也有政治方面的考虑。首先是礼制秩序的问题。明初的礼制设计，颇注意礼制的等级秩序，注意把不同社会等级都囊括到这个秩序当中，强调不同等级应遵从与自身身份相对应的礼仪规范，以此培养各自的等级和身份意识，社稷坛如此，厉坛亦是如此。正是在这种认识的指导下，才有祭坛的等级分野，才有将不当祀者列入淫祀的做法。《明太祖实录》在叙述洪武三年十二月厉坛制度出台的经过时，引述了礼官的奏文，其中就对上述精神作了阐发：

礼官奏："按《祭法》：王祭泰厉，诸侯祭公厉，大夫祭族厉。泰厉谓古帝王之无后者，公厉谓古诸侯之无后者，族厉谓古诸大夫之无后者。又《士丧礼》：疾病祷于厉。郑氏谓：汉时民家皆秋祠厉，则此祀又达于民也。《春秋传》曰：鬼有所归，乃不为厉。然则鬼乏祭享，而无所归，则必为害。古者七祀，于前代帝王、诸侯、卿、大夫之无后，皆致其祭，岂无所为而然哉！后世以为涉于淫谄，非礼之正，遂不举行，而此等无依之鬼，乃或依附土木，为民祸福，以邀享祀者，盖无足怪。今欲举其祀，宜于京都、王国、各府州县及里社，皆祭祀之，而天下之淫祀，一切屏除，使鬼之无所归附者，不失祭享，则灾厉不兴，是亦除民害之一也。"上然之。㉔

此处引述了《礼记·祭法》《仪礼·土丧礼》和《左传》

三书的说法，《礼记》的要旨是礼制等级，而《仪礼》和《左传》的重点在于祈禳，这正是前代厉祭的两个来源。明代采用五祀而非七祀，因而不行七祀系列中的厉祭，而在厉坛祭祀中，可以说综合了前代七祀厉祭和祈禳厉祭的做法。

在建立礼制秩序的同时，明初礼制的设计者还注意利用厉坛加强对民众的意识形态控制。上述引文中特别提到，在建立厉坛制度的同时，要求"天下之淫祀，一切屏除"。淫祀对朝廷最大的威胁，是这种祭祀有可能给朝廷视为错误的观念打开大门，从而危及朝廷设计的礼制秩序乃至政治秩序。有趣的是，明初的一些诏令中，厉坛制度的建立，是与禁止淫祀和民间教派活动并举的。洪武三年六月，在改定岳镇海渎城隍诸神名号的次日，明太祖要求礼部制定禁淫祠的规定：

朕思天地造化，能生万物而不言，故命人君代理之。前代不察乎此，听民人祀天地，祈祷无所不至，普天之下，民庶繁多，一日之间，祈天者不知其几，渎礼僭分，莫大于斯。古者天子祭天地，诸侯祭山川，大夫、士、庶各有所宜祭，具民间合祭之神，礼部其定议颁降，违者罪之。

中书省臣等在回复中奏称：

凡民庶祭先祖，岁除祀灶，乡村春秋祈土谷之神，凡有灾患祷于祖先。若乡厉、邑厉、郡厉之祭，则里社、郡县自举之。其僧道建斋设醮，不许章奏上表，投拜青词，亦不许塑画天神地祇，及白莲社、明尊教、白云宗、巫觋扶鸾、祷圣、书符、咒水诸术，并加禁止，庶几左道不兴，民无惑志。㉚

明太祖诏从之。很明显，在建立社稷坛和厉坛制度之时，朝廷担心是礼制秩序的混乱，尤其是百姓直接与天沟通的做法，被视为对朝廷政治秩序的潜在威胁——在朝廷看来，这应是由皇帝垄断的特权。

朝廷对百姓意识形态控制的重视，在厉坛的祭文中表露无遗。《洪武礼制》收录了泰厉、郡厉和乡厉的祭文，内容大同小异。为讨论方便，兹引述《祭乡厉文》全文如次：

> 某县、某乡、某村、某里、某社里长某，又承本县官裁旨该钦奉皇帝圣旨：

> 普天之下，后土之上，无不有人，无不有鬼神。人鬼之道，幽明虽殊，其理则一。故天下之广，兆民之众，必立君以主之。君总其大，又设官分职于府州县，以各长之。各府州县，又于每一百户内，设一里长以纲领之。上下之职，纲纪不紊。此治人之法如此。

天子祭天地神祇及天下山川，王国、各府州县祭境内山川及祀典神祇，庶民祭其祖先及里社土谷之神。上下之礼，各有等第。此事神之道如此。

尚念冥冥之中，无祀鬼神，昔为生民，未知何故而殁。其间有遭兵刃而横伤者，有死于水火盗贼者，有被人取财而逼死者，有被人强夺妻妾而死者，有遭刑祸而负屈死者，有天灾流行而疫死者，有为猛兽毒虫所害者，有为饥饿冻死者，有因战斗而殒身者，有因危急而自缢者，有因墙屋倾颓而压死者，有死后无子孙者。此等鬼魂，或终于前代，或殁于近世，或兵戈扰攘、流移于他乡，或人烟断绝、久缺其祭祀。姓名泯没于一时，祀典无闻而不载。此等孤魂，死无所依，精魂未散，结为阴灵。或倚草附木，或作为妖怪。悲号于星月之下，呻吟于风雨之时。凡遇人间节令，心思阳世，魂杳杳以无归；身堕沉沦，意悬悬而望祭。兴言及此，怜其惨悽。故敕天下有司，依时享祭。在京都有泰厉之祭，在王国有国厉之祭，在各府州有郡厉之祭，在各县有邑厉之祭，在一里又各有乡厉之祭。期于神依人而血食，人敬神而知礼。仍命本处城隍以主此祭。钦奉如此。

今某等不敢有违，谨设坛于本里，以三月清明日，七月十五日，十月一日，率领某人等百家联名，于此置备羹饭肴物，祭于本里无祀鬼神等众。灵其不昧，依期来享。凡我一里之中、百家之内，倘有忤逆不孝，不敬六亲者；有奸盗诈伪，不畏公法者；有拗曲作直，欺压良善者；有躲避差徭，靠损贫户者。似此顽恶奸邪不良之徒，神必报于城隍，发露其事，使遭官府。轻则笞决杖断，不得号为良民；重则徒流绞斩，不得生还乡里。若事未发露，必遭阴谴，使举家并染瘟疫、六畜田蚕不利。如有孝顺父母、和睦亲族、畏惧官府、遵守礼法、不作非为、良善正直之人，神必达之城隍，阴加护佑，使其家道安和、农事顺序、父母妻子、保守乡里。如此，则鬼神有鉴察之明、我民无谄谀之祭。灵其无私，永垂昭格。尚享！㉛

细读其内容，祭文第一部分强调阳间与阴间之等第秩序，第二部分从因各种缘故横死的孤魂，谈到厉坛的建立及相关制度。最后一段最值得注意，这一部分谈到凡是一里之中有作奸犯科之人，无祀鬼神应"报于城隍，发露其事"，接受官府的惩罚，即使事未发露，亦应使其遭受天谴。而对有德守法、良善正直之人，则应"达之城隍，阴加护佑"。这种典型的神道设教的做法，利用福善祸淫的因果报应说，强化对民众的意识形态控制。

在厉坛祭祀中，城隍扮演的角色值得注意。祭祀无祀鬼神之前，需先行请城隍前往厉坛，并设城隍祭位。

祭祀过程中，读《祭告城隍文》。祭文谈到"幽明异境，人力难为"，因而"必资神力，庶得感通"，借助城隍的神力，"先期分遣诸将，遍历所在，招集本里鬼灵等众，至日悉赴坛所受祭"，至祭日则负责镇控前来受祭的无祀鬼神。在祭祀时，"请本处城隍以主此祭"，一则城隍可以"镇控坛场"，维护前来领受祭品的无祀鬼神的秩序；一则"鉴察诸鬼等类"，并对不同等类的"诸鬼"进行赏罚。有趣的是，赏罚内容融入了当时中国与"四裔"的分野：

> 其中果有生为良善，误遭刑祸，死于无辜者，神必达于所司，使之还生中国，来享太平之福。如有生为凶恶，身死刑宪，虽获善终，亦出侥幸者，神必屏之四裔。[32]

对误遭刑祸的良善之人，应上报阴间的主管，使之投生于中国；而对获得善终的凶顽之辈，则应"屏之四裔"。很明显，借由城隍、无祀鬼神的监督，朝廷致力于控制民众的世界观和宇宙观，建立"正确的"秩序观，从而达致国运昌盛、长治久安的目的。如此，对厉的祭祀，从担心其作祟，由此加以祈禳，转为在祈禳的同时，利用其监督民众的言行，加强对其观念的控制。

注　释

①　参见"吴元年八月癸丑"条，见《明太祖实录》，卷之二十四，354～357页，台北，"中研院"历史语言研究所，1962。以下所引明代历朝实录，均为"中研院"本，不再特别注明。

②　参见"洪武元年二月壬寅、戊申"条，见《明太祖实录》，卷之三十，507～514页、517～523页。

③　参见"洪武元年二月壬子"条，见《明太祖实录》，卷之三十，523页。

④　参见"洪武十年八月癸丑"条，见《明太祖实录》，卷之一百十四，1874～1879页。

⑤　参见《礼三》的"社稷"条，见《明史》，卷四十九，1267～1268页，北京，中华书局，1974。

⑥　参见"洪武四年五月丙寅"条，见《明太祖实录》，卷之六十五，

1229～1230 页。

⑦ 参见"洪武四年正月丙申"条，见《明太祖实录》，卷之六十，1174～1175 页。同时参见"洪武九年正月壬午"条，见《明太祖实录》，卷之一〇三，1737～1738 页。

⑧ "洪武元年十二月己丑"条，见《明太祖实录》，卷之三十七，746～747 页。

⑨ 参见《礼三》"社稷"，见《明史》，卷四十九，1268～1269 页，北京，中华书局，1974。

⑩ 同上书，1269 页。

⑪ 成化《重修毗陵志》卷第二十六《坛壝》，见《天一阁藏明代方志选刊续编》，22 册，404 页。毗陵是常州别称。

⑫ 嘉靖《泾县志》卷之六《禋祀纪》，见《天一阁藏明代方志选刊续编》，36 册，170 页。

⑬ 日本学者和田博德列举的十余种明代方志中，里社坛以立于洪武八年为多，小部分立于洪武十五年。参见和田博德《里甲制と里社坛·乡厉坛——明代の乡村支配と祭祀》第 421～422 页的讨论，见庆应义塾大学东洋史研究室编：《西と东と——前嶋信次先生追悼论文集》，413～432 页，东京，汲古书院，1985。

⑭ 《皇明制书》卷七《洪武礼制》，见《续修四库全书》，788 册，315～316 页，上海，上海古籍出版社，2002。以下所引《续修四库全书》收录典籍，出版信息相同，不再特别注明。

⑮ [日]滨岛敦俊：《明清江南农村社会与民间信仰》，朱海滨译，111 页，厦门，厦门大学出版社，2008。

⑯ 《礼一》，见《明史》，卷四十七，1223～1224 页，北京，中华书局，1974。

⑰ 张居正《张太岳先生诗文集》卷七《重刊大明集礼序》，见《四库全书存目丛书·集部》，113 册，419 页，济南，齐鲁书社，1997。

⑱ 《列传第二十四》，见《明史》，卷一百三十六，3939 页，北京，中

华书局，1974。

⑲ 董乾坤还谈到钱用壬、崔亮、陶凯三位礼部尚书在厉坛制度的创建中扮演的角色，参见董乾坤：《无祀鬼神的盛宴——明清厉坛制度研究》，硕士学位论文，41～42页，厦门大学，2012。

⑳ Peter K. Bol, *Neo-Confucianism in History*, Cambridge, Mass.: Harvard University Asia Center, 2008, pp. 258-261.

㉑ 《明清福建里社组织的演变》，见郑振满：《乡族与国家：多元视野中的闽台传统社会》，240～241页，北京，生活·读书·新知三联书店，2009。

㉒ 参见嘉靖《马湖府志》卷之五《秩祀》，见《天一阁藏明代方志选刊》，66册，1b～2a页，上海，上海书店，1982。以下所引《天一阁藏明代方志选刊》收录方志，出版信息相同，不再特别注明。

㉓ 感谢赵世瑜教授惠赐碑铭照片和录文。标点和括号内的内容为笔者所加。

㉔ "洪武三年十二月戊辰"条，见《明太祖实录》，卷之五十九，1155～1156页。

㉕ 同上书，1155页。

㉖ 清代毛祥麟《墨余录》卷三"邑厉坛"，见《笔记小说大观》，21册，373页，扬州，广陵古籍刻印社，1983；并参考同书卷四399页的"钱鹤皋"条。

㉗ 蒋山即钟山，今紫金山。

㉘ 圣凯：《中国佛教信仰与生活史》，256～262页，南京，江苏人民出版社，2016。

㉙ "洪武三年十二月戊辰"条，见《明太祖实录》，卷之五十九，1155～1156页。

㉚ 参见"洪武三年六月甲子"条，见《明太祖实录》，卷之五十三，1037～1038页。

㉛ 《皇明制书》卷七"洪武礼制"，见《续修四库全书》，788册，312～

318；并参考《明会典》，卷九四，535 页，北京，中华书局，1989.

㉜ 《皇明制书》卷七"洪武礼制"，见《续修四库全书》，788 册，318 页。

里社坛、乡厉坛制度的推行

在梳理社稷坛、厉坛制度出台的相关背景之后，有待追问的问题是，这一制度是否在全国各地得到落实呢？它又是如何被推行的呢？对于这一问题，和田博德论述了明初各地乡里修建里社坛、乡厉坛的情况及两坛在嘉靖年间的复兴。①他无疑认为两坛是在实践中得到落实的。而滨岛敦俊不认同这一看法，他认为从南北朝以来，乡民已习惯于祭祀人格神的做法，无法接受非人格神，因此他们对里社坛的接受，充其量只是"阳奉阴违"。滨岛的说法有一定道理，阳奉阴违是民众对抗政府的武器之一，在两坛制度推行过程中，这种情况肯定时有所见。但也应看到，中国古代的乡民奉祀社稷最早的形态，就是以自然物（石、木等）为对象的。唐宋以降的乡民在崇拜人格神的同时，并不排斥对神圣化的自然对象的崇拜，并不一定强求将之人格化。更重要的是，大量的史实证明，两坛制度在大多数地方得到落实，并在一些地方留下了长期的影响。特别是乡厉坛祭祀，汉代以后近千年的时间里，从未被朝廷推行过，在民间也不曾有过普遍崇奉厉坛的情形，而从一些区域的现有实物、文献证据看，对厉坛的祭祀延续至今，并且可以大体断定，相关坛场的修建和祭祀习俗的出现，是跟明初推行乡厉坛制度有关的。

本节的主要目的，就是讨论里社坛、乡厉坛制度在各地推行的实态，论述明中叶以降至有清一代两坛制度的兴废，以期为探讨不同时期普通民众如何参与这一制度提供制度史的背景。明初出台的里社坛、乡厉坛制度，在全国推行的过程中，可以看到若干变异，探讨这一推行过程，可了解制度设计与实践运作之间是否存在重要差距，从而更为准确地理解两坛祭祀与普通乡民之间的关系。本节将从名号与建置，规制、区位与祭祀主体，祭期、祭器、祭物与仪注，以及经费与管理等几个方面展开讨论。

一、神明名号与坛场建置

根据《洪武礼制》《明会典》等书记载，各级社稷坛、厉坛均有统一的名号，以地方而论，府、州、县社稷分别称作府社稷、州社稷和县社稷，里称里社稷，府、州厉称作郡厉，县厉称作邑厉，里厉称作乡厉。但各地在修建两坛过程中，两坛名号不甚统一。

以社稷坛论，明代江南上海县，称县社稷坛为社坛，而里社坛则称作"五土五谷坛"。②江西袁州府，称里社坛为"五谷坛"。③浙江萧山县里社坛，"今俗谓之百家坛"。④湖广夷陵州，弘治六年（1493年）知州陈宣在本州各处修建土谷祠⑤，这实际上已改变了明初社坛"坛而不屋"的制度。厉坛方面，也存在若干名号。有称作"鬼神坛"者，如明代浙江平湖县；⑥有称作"鬼坛"者，如明代上海县；⑦有称作"孤魂坛"者，如苏州长洲县（详下）。

跟前代相似，里社坛、乡厉坛的规制，《洪武礼制》《明会典》等书均不作具体规定，估计是因为里社坛、乡厉坛乃由民间出资自建，难以要求其整齐划一。事实上，《洪武礼制》《明会典》对州县厉坛的规制也没有统一规定，只是对厉坛方位和厉的名号作了具体规定。根据规定，邑社坛建于城西北，而邑厉坛则"设于城北郊间"。⑧其余规制均无明文。

不过在实际修建过程中，无论是里社坛还是乡厉坛，祭坛、石主等主要设施，应该还是参照了州县社稷坛的规制。如浙江乐清县，"乡厉坛，国朝洪武八年建，每里一所，本县共二百八所。四围土墙，中筑土台。门一座，门立牌额，书'无祀鬼神坛'"⑨。这条史料见于永乐《乐清县志》，离建坛时间颇近，因而弥足珍贵，志中没有提到乡厉坛荒废的信息，估计编纂方志时，坛场尚存。又如江南太仓州，"邑每里各（役）[设]社坛一所，时祭如□，□□渐废，进□制□神厨房、宰牲房、庵房、斋□房、涤池、瘗坎，缭以垣，徭人守之。今俱废"⑩。又如江南长洲县乡厉坛之规制：

乡厉坛，祭各乡无祀鬼也。每一里建一坛，本县城乡共七百四十一所，俗呼孤鬼坛。每岁春清明日及孟秋望、孟冬朔，命各里行祭。坛高三尺，树以松楸，立碑其上，周围缭垣，门一。今皆埋废，为居民所侵，屋其上者十九，其存者亦皆鞠为茂草。⑪

再如嘉靖《九江府志》在谈及本府里社坛、乡厉坛的修建时，认为"大约遵制为之"⑫。而正德《袁州府志》记载，宜春县里社坛称五谷坛，"计一百三十六所，在各里，俱洪武初立，其制度则周缭以垣，中立土坛"。⑬ 这种做法应该也参照了县社稷坛的规制。为更具体地了解里社坛的规制，有必要对明代府州县社稷坛的规制稍作介绍。

明代府州县社稷坛的规制，《洪武礼制》《明会典》等典籍均有详细记载，现在《明会典》相关记载的基础上稍作讨论：

坛制，东西二丈五尺，南北二丈五尺，高三尺（俱用营造尺）。四出陛，各三级。坛下前十二丈或九丈五尺，东西南各五丈，缭以周墙。四门红油，北门入。

石主，长二尺五寸，方一尺，埋于坛南正中，去坛二尺五寸。止露圆尖，余埋土中。

神号（各布政司寓治之所，虽系布政司官致祭，亦合称府社府稷）：

府：称府社之神、府稷之神；

州：称州社之神、州稷之神；

县：称县社之神、县稷之神。

神牌二，以木为之，朱漆青字。身高二尺二寸，阔四寸五分，厚九分。座高四寸五分，阔八寸五分，厚四寸五分（临祭设于坛上，以矮卓盛顷，祭毕藏之）。⑭

我们知道，宋元时期，社坛、稷坛是独立的。陆游在论及宋代会稽县的县社稷坛时提到，"县社在礼禘坊，曰社，曰稷，曰风师，曰雨师，曰雷神，凡五坛"⑮，风师、雨师、雷神三坛，加上社坛与稷坛，合之适为五坛之数。又如嘉定县，元初重建社稷坛，"社居东，稷居西"⑯。又如应山县，元代一篇修建社稷坛的文字中，有"社稷二坛"的表述⑰，可知其社稷分立的格局。明初建立的社稷坛，尚沿袭了社、稷两坛分立的格局。洪武十一年，朝廷下令改为社稷坛合二为一。《明会典》所载规制，正是依据这个规定。

根据《明会典》所载规制，社稷坛应高出地面，祭坛四面出陛（台阶），坛场周围建围墙，在北面建门。神主以石为之，埋于坛南正中处。为何北面建门、立石主于坛南呢？这是因为社稷属于地祇，属阴，社稷坛应立于南而北向，那么祭位就设在祭坛之北，祭坛大门也理应开在北面。石主之上例不刻字，这与后世民间自立社坛碑不同，而且石主主体部分应埋于土中，只露出石主上端的圆尖部分。正因为如此，需要制作神牌两个，一为社神之牌，一为稷神之牌。祭祀之时，安放神牌于矮桌之上，摆放于石主两侧。祭毕，将之收起。

那么，平日神牌收于何处？据《明会典》规定，社稷坛除了坛场之外，尚有神厨、库房、宰牲房、水池、井等配套建筑、设施：

神厨三间，用过梁通连，深二丈四尺，中一间阔一丈五尺九寸，傍两间，每一间阔一丈二尺五寸，锅五口，每口二尺五寸。

库房间架与神厨同（内用壁，不通连）。

宰牲房三间，深二丈二尺五寸，三间通连，中一间，阔一丈七尺五寸九分，傍二间，各阔一丈，于中一间正中，凿宰牲小池，长七尺，深二尺，阔三尺，砖砌四面，安顿木案于上，宰牲血水，聚于池内，祭毕，担去，仍用盖，房门用锁（……）。

涤牲桶四只（宽大可以容牲）。

这些建筑建于祭坛之西，应在围墙之内。宰牲房作宰杀祭牲用，神厨用于烹煮祭物，而库房则是存放祭器、神牌等之处。[18]

里社坛、乡厉坛制度颁行天下并非同时，各地修建两坛的时间，也有先后之别。明代方志对里社坛、乡厉坛的修建年代，多不记载，不过少数方志还是留下了简

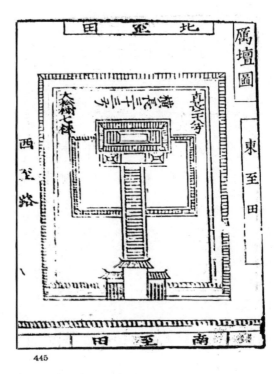

445

嘉靖《宁国县志》中的宁国县厉坛图

单的文字。如上文提到的永乐《乐清县志》，就提到乡厉坛建于洪武八年。而弘治《将乐县志》则提到，福建将乐县乡里修建的乡厉坛，"本县隶四十九都，洪武九年俱立"⑲。又如弘治《句容县志》载："乡厉坛，一十六所，在句容等各乡，俱于洪武九年知县夏常置立。"⑳再来看松江府社稷坛、厉坛的建置时间：

郡厉坛：在通波门外濠上，洪武三年建。

五土五谷神坛：每里一所，洪武十五年建。

乡厉坛：同上，今附郭并于土谷坛寓祭。

上海县社稷坛：在县西北，初在县西南徐家浜。国朝洪武二年改于此。

邑厉坛：在县治北，洪武三年建。

五土五谷神坛：每里一所，洪武十五年建。

乡厉坛：同上。⑳

松江府的府社稷坛，修建于洪武二年，⑳而郡厉坛修建于洪武三年；上海县的社稷坛改建或修建于洪武二三年，与朝廷颁行相关礼制的时间基本吻合。而松江府的五土五谷神坛（即里社坛）和乡厉坛，均至洪武十五年方才修建。综合不同地区方志的记录看，自洪武八年九年至十五年，全国大多数州县都相继修建了里社坛和乡厉坛。

从明初史料看，朝廷对坛壝的修建和祭祀甚为重视，《皇明制书》收录了洪武二十九年（1396 年）颁布的《祭无祀鬼神勘合》，涉及对厉坛祭祀中种种问题的整顿和纠正，兹引述如次：

祭无祀鬼神勘合（仪注详见《洪武礼制》）

洪武二十九年八月　日承奉礼部陶字三百七号勘合一件。建言事。礼科抄出徐州萧县县丞齐福陈言祭祀事。各处有司，凡祭无祀鬼神，有于城隍庙请城隍牌者，有于民间取鬼神牌者，有于看坛之家搬取祭器者，有不分早暮行礼者，有跪于无祀鬼神献酒者，有烧以纸钱诬神者，有倾撒祭余羹饭者，亵神未便。今议得各处无祀鬼神坛，各置城隍及无祀鬼神牌位，并祭器收顿在库。凡遇祭祀之日，设于坛所。晡时祭祀。其主祭并陪祭人员，斋沐行礼。用纸焚烧祭文等项，照依原定《洪武礼制》施行，毋得亵渎不便。除会官议拟具奏外，合行开坐前去，钦遵施行。[23]

明初推行厉坛制度后，厉坛的祭祀，在神牌与祭器存放、祭祀时辰、祭品善后处理等方面，均出现了不少不遵礼制的混乱现象。面对这些问题，洪武二十九年，在萧县县丞齐福的建议下，礼部进行了整顿，这个勘合正是礼部为整顿厉坛祭祀的混乱局面而下达的一个文书。[24]

总之，由于朝廷对推行礼制颇为重视，各地州县都先后修建了社稷坛、厉坛，而在乡里层面，也要求民众修建里社坛、乡厉坛。从明代方志看，州县不建坛者，未见相关事例；而乡里不建坛者，也甚为少见。以笔者批阅的两三百种明代方志而言，明确交代没有建立乡厉坛的情况，仅有湖广巴东县一例。据嘉靖《巴东县志》记载，"邑厉坛：在治东一里。○按各县各里都□有乡厉，巴东缺典"[25]，可见明代巴东县建有邑厉坛，但不知何故，没有修建乡厉坛之举。

二、规制、区位与祭祀主体

宋元时期，州县坛壝制度主要涉及五坛：社坛、稷坛、风雨坛、雷雨坛与山川坛。明初将五坛归并为二坛：社坛、稷坛归并为社稷坛，风雨、雷雨、山川三坛并为一坛，另立厉坛，形成了三坛并立的格局。三坛的方位，有具体的安排，正德《新城县志》载：

> 国朝之制，郡县为坛三：一以祀社稷，一以祀风云雷雨山川，其一则祀境内之厉也。立坛壝于

西郊以祀社稷。西，阴之成也。立坛壝于南郊以祀风云雷雨山川城隍。南，阳之盛也。立坛壝于北郊以祀群厉。北，阴之极也。盖王者之设坛壝，不过为民而已。社稷之祀，以其能生五谷也。风云雷雨山川之祀，以其能润万物而财用所自出，皆所以为民也。若夫厉之有祀，则以鬼无所依，或能为害，亦焉往而非为民哉。先儒胡宏有言，祭祀之礼，所以立吾诚也，鬼神之为物，即吾之诚是已。㉖

这些文字出自新城知县黄文鸑之手，交代了朝廷祭祀三坛的缘由，并阐发了三坛方位安排背后的理由。根据明初制度的安排，社稷坛应立于州县城西郊，立风云雷雨山川坛于南郊，立厉坛于北郊，背后的逻辑是阴阳学说。厉坛祭祀无祀鬼神，社稷坛祭祀五土五谷，都属于阴神，但因无祀鬼神属阴之极，因而厉坛应立于北，而社稷坛立于西郊即可。风云雷雨山川城隍等属阳神，故而其坛立于南郊。

嘉靖《清流县志》中的清流县图

同时，立坛还涉及朝向的问题，这仍是根据阴阳学说进行规划的。万历《慈利县志》在论及三坛朝向时指出：

坛社稷于西郊，北向，阴神也。坛山川风云雷雨于南郊，南向，阳神也。故社稷有望瘗而山川有望燎，各从其气也。厉于北郊，鬼之也。而祭以反而伸之，故亦南向，此其义至精至微，非博学渊深者未足与知也。㉗

三坛所立方位既有不同，其朝向亦各有别。社稷属阴，其坛理应北向；风云雷雨山川属阳，其坛理当南向。厉属阴，但其坛反为南向，《慈利县志》的编者认为是"祭以反而伸之"，利用物极必反的原理，阐释厉坛南向的原理。不管是方位还是朝向，建坛时参照阴阳学说，都是为了理顺阴阳之间的关系，达成天人之间的和谐。因此，嘉靖《宁国县志》编者指出："夫坛壝之建，以为民兴利祛害，奉顺阴阳也。故建山川坛于南取诸阳，建社稷坛于西取诸阴，建厉坛于北者阴之极，皆以佐赞造化，以成调燮之功，厥功不伟哉。"㉘

无论是方位、朝向还是具体的规制，在各地立坛实践中，都存在不完全遵照法度的事例。温州社稷坛就是一例。弘治年间温州知府文林所撰《新建社稷坛斋居记》一文，为了解明中叶温州府社稷坛的规制提供了鲜活的记载：

祀社稷必有坛墠，必斋而有居室。温之有坛旧矣，而斋居不备，岂礼也哉！旧常以坛近太平寺，凡祭之先一日，阖府长贰俱致斋僧房以为常，而僧之供于舆皂有少不给者，辄能遗长官怒，而斋之心恶在？弘治戊午夏四月，予来守温。秋八月，有事社稷，仍宿于寺。是夜大雨。漏下四鼓，率僚属以下至坛所，尚一里余，而仆马杂沓田淖中，呼噪之声，惊传前后。予虽在肩舆，心恒懔懔，又恶能斋以格神明也耶。乃欲建居以斋。谋诸佐贰，罔不协从。爰聚财募工，命老人郑佑即坛西北面阳建屋五楹，周以垣，一如僧房之藻饰而加弘厂若厅制焉。

东西有序以居幕职僚。外复建屋若干楹，以居两学
教官。于是有庭有厨有房，而从人、舆人无不得其
寝处矣。㉙

由于没有斋室，从明初立坛至弘治年间约一百余年
时间里，温州阖府上下祭祀社稷坛时，都是临时寄宿于
离坛一里处的太平寺。遇见雨天，多有不便。文林上任
后，在坛场西北处建屋，作为前来祭祀的各级地方官的
致斋之所。

至于里社坛、乡厉坛，不按规制修建者，乃至连坛
墠均无者，恐怕并不罕见。如广东兴宁县，"一乡社、
乡厉坛，二坛各乡都咸设一所，初春秋二祭，乡老岁时
比屋醵钱，买牲致祭，令每祭推一二户主之，然无墠
墠，绝地行事而已"㉚。明代兴宁各乡辟有祭祀里社、乡
厉的场地，但是并未修建坛墠，民众只是到指定场地举
行祭祀而已。

顺便提及，在各地推行过程中，地方官对州县的社稷坛、厉坛制度，也时或进行变通。山东武定州在厉坛之后修建漏泽园，就是一个有趣的事例。嘉靖《武定州志》记载云：

> 郡厉坛：在州城之北。成化十七年知州裕奉参议邢表檄立。……裕又于坛后置漏泽园。按漏泽园自宋崇宁间诏立，后代因之。盖凡死者魂气飞飏于上，其魄寂土而守，骸骨有园，则得其归，得其归，则不为厉，是王者仁鬼之政也。奈园中鬼市杂陈，其必男左女右以瘗之，庶风节不渎于幽冥矣。此盖闻之训导黄致用云。[31]

厉坛是祭祀无祀鬼神之所，而漏泽园是埋葬无人认领的死尸之处，两者关系密切。成化年间担任武定州知州的孙裕，在修建郡厉坛的同时，把漏泽园建于附近。

孙氏的做法，是将浮尸的埋葬和孤魂的祭祀结合在一起，使得骸骨、魂魄都得到妥善安置，算是一个合理的变通。但州里的学官认为，漏泽园中男女错杂，于风节有碍，因而希望加以改进。这实际上是以人间的性别秩序，去规范阴间的性别秩序。浙江定海县厉坛，每逢举行祭祀时，有寒林所之设。据嘉靖《定海县志》记载，"邑厉坛，在县城外西北一里。筑土为坛，祭则迎城隍以主之，左右设寒林所"[32]。寒林，来自佛经，是弃尸之所之意。此处所谓寒林所，或与漏泽园同，均为安葬无人认领的浮尸之处所。[33]

根据明初礼制规定，州县立社稷坛、厉坛各一所，而州县之下则是以里为单位，每里各立一坛。[34]不过由于各地基层组织的差异，在实际推行过程中，立坛主体出现不少变通。如吴县乡厉坛，"每里各置于本图，共五百一十所"，此为按图立坛之例。按吴县乡下设里，里下或管都，都下辖图，或由里直接统图，因此图是里甲组织中最基层的建制。㉟下文论及的江西瑞昌县，也是按图立坛的，而且每图立乡厉坛一所，里社坛二所。河南尉氏县，县志载"里社各保一所"，"乡厉坛各保一所"，此为按保立坛之例。㊱有的地方不仅每里立坛，乡也立坛祭祀。如湖广罗田县，"乡厉坛：平湖乡厉坛去县三里。奉泰乡厉坛去县三十里。多云乡去县五里。而三乡二十五里，每里又各有厉坛焉，不能悉载，期同邑厉。"㊲明代罗田县有平湖乡、奉泰乡和多云乡三乡，除了各里建有乡厉坛之外，三乡也建立了乡厉坛。也有乡立厉坛，而里社不立厉坛者。如湖广光化县，明代立有乡厉坛五所，分别在该县在坊社、太和乡、固封乡、孟桥乡和仙马乡。此处的在坊社在县前，太和乡在县南二十里，固封乡在县西三里，孟桥乡在县东北三十里，仙马乡或即西化乡，在县西三里。除了上述几个乡、社，尚有遵教乡和诸多村社都没有建立乡厉坛，不过总体而言光化县的乡厉坛主要是以乡为单位修建的。㊳

里社坛、乡厉坛建于各个乡里，那么它们是建于同一村落吗？嘉靖《瑞昌县志》对此所载甚详，为我们理解两坛的空间布局提供了重要信息：

> 旧乡厉坛，每里一百户内，立坛一所，祭无祀鬼神，每岁三祭，与邑厉同。用牲酒，祭毕会饮。旧厉坛十三处……
>
> 一在市厉坛，在白龙桥黄荆林。
>
> 一金城乡一啚厉坛，在黄砂岬。
>
> 一金城乡二啚厉坛，在戚家林。
>
> 一安泰乡厉坛，在桂林桥。
>
> 一甘露乡厉坛，在旛竿觜。
>
> 一归义乡一啚厉坛，在大瀼坂。
>
> 一归义乡二啚厉坛，在土湾。
>
> 一清溢乡一啚厉坛，在下庄坂。
>
> 一清溢乡二啚厉坛，在下庄坂。

一王仙乡厉坛，在大湖坂。

一洪阳下乡厉坛，在漆家坂。

一洪阳上乡一畾厉坛，在双港。

一洪阳上乡二畾厉坛，在建坪坂。

以上厉坛俱废基存。

旧社坛二十五处：……

在市里社坛一所，在黄荆林，名瑞兴社。

金城乡一畾社坛一所，在山村坂，名山村社。

           一所，在吴塘坂，名吴塘社。

金城乡二畾社坛一所，在河塘坂，名河塘社。

           一所，在马头坂，名马头社。

安泰乡社坛一所，在小场坂，名黎埠社。

           一所，在天山下，名黎埠东社。

甘露乡社坛一所，在双下桥，名城门社。

           一所，在大林埠，名梅溪社。

归义乡一畾社坛一所，在水陆坂，名水陆社。

　　　　　一所，在陡冈坂，名北团社。

归义乡二畾社坛一所，在高丰坂，名常乐社。

　　　　　一所，在乌石街，名高丰社。

清溢乡一畾社坛一所，在良田坂，名良田社。

　　　　　一所，在西京坂，名新泽社。

清溢乡二畾社坛一所，在塘头坂，名义兴社。

　　　　　一所，在吴塘坂，名吴塘社。

王仙乡社坛一所，在南湾，名甘口社。

　　　　　一所，在章坊，名客官社。

洪阳下乡社坛一所，在北庄坂，名清团社。

　　　　　一所，在柯落原，名柯原社。

洪阳上乡一畾社坛一所，在新田坂，名南团社。

　　　　　一所，在（引者按：后空白）

洪阳上乡二畾社坛一所，在双港坂，名上溪社。

　　　　　一所，在井头坂，名蛟溪社。

以上社坛俱废基存。㊴

明代瑞昌县的两坛建置，首先需要注意的是，它们是按图立坛的，而且每图乡厉坛数与里社坛数不同。除了县城的乡厉坛、里社坛都仅立一坛外，其余各图每图立乡厉坛一所，里社坛二所，这与明代礼制立里社坛、乡厉坛各一所的规定有所不同。比对上引乡厉坛、里社坛所在村落可知，两坛所立村落，通常并不在同一处。

再看明代福建长泰县里社坛、乡厉坛的分布情况。笔者根据嘉靖《长泰县志》所载，将相关信息编为表1。对比长泰县里社坛和乡厉坛的处所，发现两者无一位于同一村落，这种分布格局，与明代江西瑞昌县颇为相似。这种分散型分布格局，意味着在坛场废弃、祭祀不再举行之前，两坛散布于数十个村落当中，从客观效果上说，这种空间分布扩大了两坛与民众的接触面，有助于扩大两坛祭祀的影响。

表 3-1　明代长泰县里社坛、乡厉坛的空间分布

坊里名	里社坛所在村落	乡厉坛所在村落
坊	西门外	北门外
人和里	蚬壳山	南山寨之西南
钦化里	官塘陈祖三林边	五通庙李井林边
方成里	蔡山	横山村
恭顺里	坂尾	胡坂西洋埔
彰信里	埔边	浮山
石铭里	长埔腰	瀛山
旌孝里	埔尾	丹(?)陈坂
善化里	埔上	古里坂

资料来源：嘉靖《长泰县志·规制志·坛壝》

　　与明代瑞昌县和长泰县的情况相比，江西宁州两坛的分布特征，是乡厉坛与里社坛位于同一村落，这是一种相对集中的分布格局：

　　里社坛六十所，在各里。

　　泰乡：程畲岭　栎山头　下杨坪东北　南岭下大坪

抱子 桥头 苑(?)坊

安乡：上下分水 樵洞口 沙埚桥头 黄泥湾 彭桥 翻竿墩

奉乡：墩头 高墩 泉口 田南湾 萧家坪 下宅湾

武乡：田墩 定江小港口 南庄 双坑 汤口 大塘坪 山口上保 岗头 来苏 田普

高乡：赤江津 社桃岭 占思坪 双亩

崇乡：杭口 官墩 蒲口 马坳北村 东津 湖头 中庄 台坪

仁乡：莲花墩 山口 西源 山口 新田 东源 草鞋岗 水源

西乡：黄墩 黄泥墩 党口湾 沙庙前 茅田坳 方墩 桥陵。……

乡厉坛，六十所，在各里，与里社坛近同一处。⑩

明代宁州有泰乡、安乡、奉乡、武乡、高乡、崇乡、仁乡、西乡等八乡，各乡都图数及里社坛数见表2。对比都数、图数和坛数可知，各乡都数合计59个，图数83个，而里社坛数57个（县志载60个），坛数与都数非常接近，可见两坛是以都为基本单位来修建的。这与瑞昌县按图立坛的做法不同。县志注明乡厉坛"与里社坛近同一处"，两坛应该立于同一个村落。这与前述瑞昌县的做法也不同。里社坛、乡厉坛立于何种类型的村落呢？嘉靖《潮阳县志》交代道，乡厉坛"每里各一坛，无定制，第即其乡之道里适中处所为之"[41]，可见乡厉坛应该是立于交通便利之处（里社坛亦应是如此），可以想见，这是为了便于民众参与。

表3-2 明代宁州各乡都数、里数与里社坛数对照

乡名	都数	里数（图数）	坛数
泰乡	8	11	7
安乡	6	11	6

乡名	都数	里数（图数）	坛数
奉乡	5	9	6
武乡	13	22	10
高乡	5	5	4
崇乡	7	7	9
仁乡	8	10	8
西乡	7	8	7
合计	59	83	57
备注	嘉靖《宁州志》各乡下总书×都×里，而各都下分注为×图，可知里即图。		

资料来源：嘉靖《宁州志》卷之八《八乡》，《宁州志》卷之九《坛壝》。

明初参照礼经和历代礼制建立的祭祀体系，充分体现了朝廷对礼制等级秩序的重视，大至大、中、小祀的分类，小至社稷坛与厉坛的不同等级和名号，都体现出背后共同的秩序诉求。就社稷坛而言，自天子至庶人，自上而下分为皇帝及其代理人主持祭祀的太社坛，王及其代理人主持祭祀的王国社稷坛，知府主持祭祀的府社稷坛，知州主持祭祀的州社稷坛，知县主持祭祀的县社稷坛，以及庶人主持祭祀的里社坛。就厉坛而言，则分为由皇帝及其代理人主持祭祀的泰厉坛，王及其代理人主持祭祀的国厉坛，知府、知州主持祭祀的郡厉坛，知县主持祭祀的邑厉坛，以及庶人主持祭祀的乡厉坛。为庶人制礼，当然并非始于明代，这个过程自《开元礼》就已开启，不过如此全面、系统地将庶人纳入礼制秩序，恐怕尚属明代首创。考其背后的意图，应在于通过将庶人纳入祭祀体系，在具体的礼仪实践中，养成其阶序秩序意识。

《洪武礼制》《明会典》等书的相关规定中，均提到里社坛与乡厉坛祭祀预设的祭祀主体。这个主体，是明初小黄册制度下的基层单位——里，这个里的建制是百户，而非洪武十四年(1381年)推行黄册制度时一百一十户为一里的编制[42]，因而里社坛的表述是"每里一百户"，

《祭乡厉文》的表述是"一里之中、百家之内"。这是因为里社坛、乡厉坛制度的出台，均在洪武十四年黄册制度推行之前。里甲建制从百户转变为一百一十户之后，政令的表述没有调整，不过可以推测，两坛祭祀的主体，应该是由一百一十户构成的里了。[43]

在里社坛、乡厉坛祭祀中，牵头组织祭祀的人，称作"会首"，每年派一户轮值充当会首，会首负责坛场的日常维护，祭祀时备办祭物、组织民众祭祀等。会首当由非身份性的普通民众充任。由于是轮值的，意味着一里之中，有相当一部分的民众参与到祭祀的组织当中。同时，根据制度的设计，理论上所有本里民众均应参与祭祀，只有为非作歹之辈被拒之门外，这样就最大限度地把本里民众纳入祭祀的参与者行列。

总之，跟汉、唐两代相比，明代的里社坛、乡厉坛制度有一个值得注意的地方，这一制度是以里甲制为基本依托的。两坛制度与里甲制的配合，是明初乡村统治制度中颇值得注意的一个环节，这种将神道设教与户籍赋役制度相结合的做法，可以说体现了明代乡村统治策略的一个创新之处。[44]由于有里甲组织作为基本依托，两坛制度具备较为稳定的组织基础和较为明确的祭祀主体，为其推行和存续提供了不容忽视的条件。

三、祭期、祭物、仪注与恤孤问题

里社坛、乡厉坛的祭祀时间与举行县社稷坛和邑厉坛祭祀的时间是一样的，《洪武礼制》和《明会典》都对此作了具体规定。社稷坛的祭祀时间，一年两次，此即"春秋二社"，或所谓的"社日"，即仲春（二月）、仲秋（八月）的第一个戊日。厉坛的祭祀时间，一年三次，即清明日、七月十五日和十月一日。这意味着，社祭的日期每年不固定，而厉祭的日期是固定的。另外，据某些方志记载，嘉靖年间曾下诏郡县厉祭于常祭（即上述三次祭祀)之外加祭一次,如嘉靖《茶陵州志》卷上《祀典》记载,"嘉靖二年,诏郡县于常祭之外另举一祭"⑤。当然,上述是礼制规定,在各地实践中,祭期也有若干变通。

从各地情况看,社稷坛具有相对连续的传统,在长期的实践过程中,形成了较为固定的于春、秋二仲月举行祭祀的习俗。厉坛的祭祀则是时断时续,而且明初指定的每年三次的祭期,在历史上属于首创,因而在推行过程中,时见变通。先看福建建宁县的例子:

> 邑厉坛:在县治北枫树岭,洪武九年令协中建。……每岁凡三祭。春清明、秋七月望日、冬十月朔日。……正德五年,流贼残破本县,多杀不辜。嘉靖二年,奉勘合加一祭。⑥

建宁县奉行朝廷礼制,每年举行三次邑厉坛祭祀。

不过嘉靖二年(1523年)多加一祭。引文所提正德五年(1510年)"流贼残破本县，多杀不辜"事，应即同书所载正德五年十月大帽山贼劫掠县治事，据载流贼"纵火杀人，城中一空"⑪，造成了严重的人员伤亡。此事发生后，并未在次年举行厉祭时多加一祭，而是在事隔13年之后，才增加了祭祀次数，这次祭祀的具体时间，县志没有交代，或即在流贼劫掠的纪念日举行。此处提到的勘合，今不见于县志，或为建宁县提出申请后，由上级部门下达的公文。江南武进县的里社坛祭祀，每年两次，祭祀跟礼制相同；但乡厉坛的祭祀，则没有遵循礼制规定的祭期，而是采用春秋仲月的祭期。⑱当然，这在全国也算是特殊的。

祭物方面，县社稷坛、厉坛复杂一些。县社稷坛的祭物有羊一、豕一、帛一、铡一，此外尚有笾四、豆四、簠二、簋二，分别盛放各种祭品。⑲而邑厉坛是"牲用羊三、豕三，饭米三石，香烛酒纸随用"。相比之下，

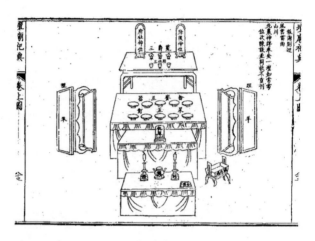

方观承《坛庙祀典》中的祈社陈设图

里社坛和乡厉坛的祭物要简单得多。根据《洪武礼制》的规定，里社坛的祭物，是一羊、一豕，"酒果香烛纸随用"，并无笾、豆一类祭器及相关祭品的要求；乡厉坛只要求"祭物牲酒随乡俗置办"，连牲的数量都不作规定。[50]这当然是考虑到乡民生活艰辛，要一年三次备办祭物颇为不易，因而在祭物方面不作要求。

由于多数方志的记载较为简略，我们对地方上祭器、祭物的情况了解不多。如常州府，府志只记载祭祀里社坛时，命耆老备"羊一、豕一、酒果致祭于五土之神、五谷之神"，祭祀乡厉坛时，"命耆老岁以春秋仲月用羊一、豕一致祭"。^{○51}不过，有的方志的记载较为详细，可让今人窥见两坛祭祀之一斑。如明代《归州志》，对州社稷坛祭器的记载就甚为详细：

> 社稷坛：岁以春秋仲月上戊日祀之。品物如制。神牌案二。牲匣并案四。祀案一。笾豆簠簋案四。酒尊案一。爵帛案一。笾四。豆四。簠二。簋二。酒尊三。爵六。铏六。香炉二。盥洗盆一。案一。^{○52}

该志特别注明，"品物如制"，说明是根据礼制置办祭器的。嘉靖《真阳县志》详细列举了县社稷坛的祭品种类和数量：

（社稷坛）祭物：豕二、羊二、兔二、帛二、酒米八斗、黍稷稻（梁）［梁］粟各四升、米麦面各四升、鲊黄四升、蜂蜜一斤、榛芡枣栗菱各四升、和羹豚膊肉膏鱼醢鱼各六斤、笋箐韭芹各六斤、真香牙香檀香汴香各五两、椒料各一两、盐油酱各二斤、大小烛四十四枝。㊾

在笔者经眼的明代方志中，这是对社稷坛祭品记载最为详尽的一部方志。嘉靖《威县志》对邑厉坛祭品的记载要简单一些，但仍是不可多得的史料：

邑厉坛：……原额每年清明日、七月十五日、十月朔日三祭，每祭银六两，祭品猪三、羊三，梨枣面饭十盘，米饭十盆，烛十对，酒十罇，油面果二十二楪，金银纸马盐。㊿

值得注意的是，这部方志不仅列举了威县邑厉坛的祭品，而且对坛制也作了较为具体的交代，这在明志中是不多见的。

里社坛的祭祀仪注，《洪武礼制》《明会典》均有规定，内容大同小异，兹以前者所载为例，稍作讨论。先引述仪注如下：

前祭一日，会首及预祭之人，各斋戒一日。会首先遣执事人扫除坛所，为瘗坎于坛所之西北，方深取足容物。会首洗涤厨房镬器，以净室为馔所。至晚，宰牲。执事者以碟取毛血，与祭器俱置于馔所（祭器用瓷[？]瓦器）。

祭日未明，执事者于厨中烹牲。设五土五谷神位于坛上，五土居东，五谷居西。设读祝所于坛上，居（中）间，设会首拜位于坛下中间，俱南向。设预祭人位于其后。设引礼及诸执事人位又于其后。执事者于馈所实祭物于碟内，解牲体置于二俎，置酒于尊，书祝文于纸。

祭物既备，执事者各捧设于神位前，燃香明烛。自会首以下，各服常服，盥手，入就拜位，立定。执事者执壶于尊中取酒，立于五土神位之左。引礼者唱："鞠躬。拜。兴。拜。兴。平身。"会首以下皆鞠躬、拜、兴、拜、兴、平身。执事者取毛血瘗于坎中。引礼引会首诣五土神位前，唱："跪。"会首诣五土神位前跪，举杯。执壶者斟酒。引礼唱："三祭酒。"会首三祭酒。讫，引礼唱："俯伏。兴。平身。"执壶者诣五谷神位之左，引礼引会首诣五谷神位前，唱："跪。"会首诣五谷神位前跪，举杯。执壶者斟酒。引礼唱："三祭酒。"会首三祭酒。讫，引礼唱："俯伏。兴。平身。"会首俯伏、兴、平身。引礼唱："就读祝位。"读祝者取祝，立于读祝位之左，会首诣读祝所。引礼唱："跪。"会首跪。(引礼)唱："读祝。"读祝者跪读祝。讫，兴，置祝于案。引礼唱："俯伏。兴。平身。"会首俯伏、兴、平身。引礼唱："复位。"会首复位。引礼唱："鞠躬。拜。兴。拜。兴。平身。"会首以下皆鞠躬、拜、兴、拜、兴、平身。执事者徹祭物，读祝者取祝文，焚瘗于坎所。

礼毕，行会饮读誓文礼。⑤

乡厉坛的仪注，《洪武礼制》等书没有详载，不过在该书"乡厉"条下，对仪注稍作说明："其轮流会首及祭毕会饮、读誓等仪，与祭里社同"，⑤可见乡厉坛仪注应与里社坛大同小异。

跟《洪武礼制》的规定，两坛祭祀的组织者和参与者，大体包括了三类人员：（一）会首、预祭者，他们是祭祀的主角，负责对社稷进行祭祀；（二）引礼、读祝者，此处没有交代人数，他们是仪式专家，负责引导整个祭祀仪式，读祝负责读祝文；（三）执事群体，包括仪注提到的执事和执壶者等。这三类人员通同合作，完成祭祀仪式的整个过程。此外，从"预祭人"一语判断，参与祭祀的民众，估计主要还是会首和耆老一类，其他民众尽管原则上要求出席，但并不参与祭祀，而很可能是作为观众观看祭祀仪式。

整个仪式过程较为简单，仪式的核心是三祭酒，亦即先后分别在社、稷之前祭酒三次。祭酒之前，行鞠躬、拜礼。祭酒毕，行俯伏礼。下一步是读祝文。读祝之后仍行俯伏礼。接着是复位（回归原位），并行鞠躬、拜礼。最后，撤下祭物，在坎所焚化祝文。这是以三献礼为基本构架的仪式，对这个仪式结构与民间所见仪式结构之间的关系，笔者已在别处谈到，此处不赘。[57]

最后，谈谈祭品的处理问题。在阅读明代方志时，笔者注意到，祭祀结束后，邑厉坛的祭品有时会分发给贫民（"无告者"）。据嘉靖《萧山县志》记载：

邑厉坛，在治北一里。洪武八年，令府州县每岁春清明、秋七月十五日、冬十月一日祭无祀鬼神，坛设于城北。……至日，设城隍位于上，无祀鬼神于下。牲用羊、豕各三，解置于器，羹饭以次铺设。祭余羹饭则散诸邑之无告者。㊳

明代江南萧山县邑厉坛举行祭祀后，其祭品"散诸邑之无告者"，不过分发的只是"羹饭"，大概羊、豕等是不分发的。再看广东潮阳的事例：

厉坛：在北重关外望楼岭下。先是，洪武初令天下郡县每岁春用清明、秋用中元、冬用孟月之朔，各祭其所部内无祀鬼神及各乡之厉，同日举祭，于是知县刘文仲始以九年创立邑之厉坛于此。……将祭先三日，正官躬诣城隍，发牒致告。

至期，迎神为主（神谓城隍），而设无祀者冥位于东西两序列食之。牲用羊、豕（各三），解置于器，羹饭以次铺设。祭余则散诸邑中之无告者。[59]

潮阳县举行厉坛祭祀时，设无祀者冥位于坛之东西。祭祀结束后，祭品"散诸邑中之无告者"，这一表述与上引《萧山县志》几乎没有什么差别。在西南边陲的云南寻甸府，我们可以看见类似的情景：

府旧无养济院，知府王尚用到任，见有鳏夫扶杖而叫号乎东西者，有寡妇携儿而丐食于南北者，每遇厉祭散饭济贫，匍匐而就食者，又不下二三十人。[60]

寻甸府由于长期没有建立养济院，一些贫穷的鳏夫、寡妇只能靠乞食为生，每遇厉坛祭祀后的"散饭济贫"之时，大家匍匐就食。这些贫困潦倒的"无告者"，就好似厉坛祭祀的无主孤魂，仰赖于他人的施舍，只是前者尚在人世，后者已在阴间游荡。他们接受同样的祭品，正象征了他们地位的相似。

四、维护与管理

像其他建筑物一样，社稷坛和厉坛也需要日常的维护和管理。里社坛、乡厉坛位于各处乡村，要雇请专人管理，可能不尽现实，估计平日是无人看管的，只是到了祭期前后，才临时对坛场进行清理，不过对此并无史料明载。县社稷坛与邑厉坛不尽相同。由于有州县经费的支持，两坛常会指派专人看管。

辉县位于河南西北部，明代该县的社稷坛、邑厉坛，均设专人看管，他们被称作"坛户"，县志载云："社稷坛：在西关街北后，额设坛户一名。洪武三年改置。……邑厉坛：在北郊内，额设坛户一名。洪武三年创。"[61]云南寻甸府的山川坛、郡厉坛，因年久失修废坏，嘉靖二十九年（1550 年）冬，知府王尚用重修，"周围垣墙俱备，各设门子看守，免其身差。其厉坛墙后，又有田一垎，墙左有空地一片，任看守者耕焉。"[62]重修后的山川坛和厉坛，知府安排门子看守。为了让门子安定下来，衙门不仅免其差役，而且将厉坛附近的田地交其耕种，以解决其衣食问题。坛户（又称坛夫、门子）的编派方式，明代前期应通过里甲来编派，明中叶进行赋役改革后，全国普遍折银，改由州县衙门雇请。雇请坛户的费用也定额化，编入条鞭，载入方志。从各地情况看，每名坛户编银，少则五钱，多则二两，以一两较为普遍。[63]

州县社稷坛和邑厉坛的祭祀费用，是州县衙门的常规支出。明代前期，这两项支出可能是指派里甲负担的。明中叶推行一条鞭法后，各地多将这部分开支折银，编入条鞭，成为地方财政定额支出的一部分。这方面的例子极多。如嘉靖山东曲沃，"徭役"类下有"无祀坛三祭银"，并注明是"二十一两"[64]，平均每祭七两。又如嘉靖徐州府，厉坛三祭共银十三两五钱，平均每祭四两三钱；嘉靖江南寿州、颍州，厉坛每祭均为银四两五钱；嘉靖河北清苑，无祀坛三祭银二十一两，平均每祭七两；嘉靖福建惠安，厉坛每祭七两五钱；嘉靖福建福宁州，厉坛三祭共二十七两，米十石，平均每祭银九两、米三石余，而下辖的福安县，厉坛三祭共银二十二两五钱，米九石，平均每祭七两余、米三石；嘉靖温州、浦江，厉坛每祭均为十两，算是预算较为丰厚的。[65]这些数据应该均为折银后的邑厉坛祭祀预算。

里社坛、乡厉坛的祭祀费用，通常应该由举办祭祀的民众筹措，不过相关史料甚为罕见，嘉庆《无为州志》是全国少有的对里社坛、乡厉坛祭祀经费进行了详细记载的一部方志。据州志记载，洪武八年前后，无为州在乡村修建里社坛、乡厉坛，"后多为民侵占"。万历九年（1581年），"掌州事查志文查复，仍捐设各乡厉祭田，令约正、僧道掌之，岁三举，如郡祭例"。无为州乡厉坛本无不动产，由于年代久远，明中叶后连坛场都被民众侵占。万历九年，知州查志文查复坛场，并捐助乡厉坛祭田，交由约正、僧道管理。州志列出了各乡厉坛祭田的清单：

　　无为乡，一图、二图、三图，共田四亩，坐落延福寺西，寺僧管办；四图田四亩，坐落夏新圩，泥汊镇城隍庙道士管办；五图、六图田四亩，坐落黄汰城土地冲，约正管办。

　　太平乡，一图田一亩五分，坐落大交圩；又一亩五分，坐落常丰圩，业主吴国富、余友刚管办；二图田三亩二分，坐落港北圩，东岳庙道士、约正协办；三图田四亩，坐落南汰寺，约正管办；四图田三亩，坐落东岳庙前，山人管办；五图田三亩三分，坐落石继圩，约正管办；六图田三亩二厘，坐落大庄庙北，道士管办；七图田五亩，坐落神子墩，约正管办。

开城乡，四里共田十二亩，坐落府君殿前，道士管办。

襄安乡，三里共田五亩七分，坐落郭家段，白鹤观道士管办。

周兴乡，一图田二亩，坐落黄家圩，会龙庵僧、约正协办；二图田二亩二分，坐落周家圩，龙泉寺僧管办；三图田三亩，坐落上阳寺前，寺僧管办；四图田三亩，坐落香岩寺，寺里轮办；五图田三亩，坐落交湖圩，本乡轮办。

铜城乡，一图田三亩，坐落三元观后，道士管办；又三亩坐落贵山寺，寺僧管办；二图田三亩，坐落洪溪厂，真武殿道士、约正协办；三图田三亩，坐落高湖圩，司徒庙道士、约正协办；四图田二亩，坐落永安圩，约正管办；五图田三亩，坐落七浪圩，约正管办。

南乡，一图并三、四、六、七图，共田六亩，坐落练塘冲陶家嘴，三官堂道士管办；二图田二亩三分，坐落青山圩，约正管办；五图田二亩，坐落九卿山，龙王殿北殿僧管办。

北乡，一图田三亩五分，坐落黄家冲，祈雨山寺僧管办；二图田三亩五分，坐落神墩，双泉寺僧管办；三图田三亩，坐落临湖圩，巢湖殿道士、约正协办。⑥

乾隆七年(1742年)州志的编者补充道，乡厉坛祭田"今复废弛"，"其坛所田亩，李志失载，恐久复遭侵占，负查公盛举，特按旧志及厉坛碑详列备查"。⑥李志是康熙三十八年(1699年)知州李璋(康熙三十三年至四十二年任)所修州志，当时祭田可能还控制在衙门手中，但到乾隆七年修志时，这些田产已被民众侵占。从各地情况看来，无为州的情况是比较特殊的，该州乡厉坛祭田的设置，跟朝廷所立制度无关，基本上是知州个人推动的结果。

五、里社坛、乡厉坛的衰替与重建

明初建立的里社坛、乡厉坛，各地大体维续了数十年、上百年不等。至明中叶起，开始出现新的情况。首先，随着里甲制度的变动，里社坛、乡厉坛的数量开始出现变动。如山东莘县，据县志记载，"乡厉坛：旧十四所，在县各里下。洪武二年知县汪惟善创建。天顺四年，知县苟珣增置一十八所"[68]。天顺四年（1460年）之所以出现增编的状况，是因为莘县明初编户十四里，"天顺四年，知县苟珣增编十八里"。[69]很明显，乡厉坛增置，是为了配合编户增置的数目。

更为常见的是，年深月远之后，一些坛壝已破败不堪，于是开始陆续出现了里社坛、乡厉坛的重修之举。福建长泰县里社坛、乡厉坛建于明初，年久废坏，成化年间在漳州知府倡导下重立：

> 乡社坛：国朝洪武九年置。……历久坛场圮坏，祭祀亦废。至成化辛丑，本府太守姜公谅谕民善俗榜文，仰县立乡社坛，春秋社日祭之；乡厉坛，春秋清明、下元日祭之。本县坊里遵依，各立坛壝，中砌以坛，缭以垣墙，依时备祭。⑦

从笔者批阅的明代方志看，州县的社稷坛、厉坛，官方大约每隔上百年都会拨款修建。相比之下，里社坛、乡厉坛由民间出资，没有经费保障，一旦破败，基本上不会被维修、重建，祭祀也随之中止。这种事例亦是不胜枚举，此处仅举数例为证。江南宿州，嘉靖《宿州志》载"乡厉之祭则废已久矣"。[71]湖广沔阳县，嘉靖县志载"里社、乡厉坛并废"[72]。河南兰阳县，嘉靖县志载"旧里社各有厉坛，今废"[73]。江西丰城县，明代有366里，建有里社坛324所，乡厉坛360所（这两个数据可能是调整后的坛数，因而两不相同），但至嘉靖年间（1522—1566）均已废弃。[74]和田博德所引万历《绍兴府志》卷之十九《祠祀志》"坛壝"条，引述了绍兴知府南大吉的回忆，记述了明中叶各地里社坛、乡厉坛祭祀的衰微过程：

> 昔予在总角时，日从乡里诸小儿游，明星皎月之夕，弗夜分弗归寝也。外户不闭，而牛羊亦优游以休矣。当是时，春祈秋报之礼，里皆以时而举焉，品物仪文，甚侈缛也，而人未尝言贫。既而从我先大夫宦游宛、邓。宛、邓之俗，犹夫吾乡也。

后七年，归至乡里，则见夫间巷萧条，已非昔日矣。既乃登仕版、游四方者又九年，再归乡里，则见夫景象寥落，少壮者仆仆然，老弱者奴奴然。昔日祈报之礼，荡然尽废。里社之坛，悉就荒秽，而莫之或迹矣。是故三尺之童，皆就农务，而贫不能免。日未及入，户已紧闭，而犹致夫寇也。回首昔时，每抚心一太息焉。乃今又分符来守兹土，兹土之俗，其不如昔时者，亦犹夫吾乡也。是故里社、乡厉之坛，荒废过半而莫之有考，是又可为一长太息者也。

据和田考证，南大吉（1487—1541）是陕西渭南县人氏，正德六年（1511年）考取进士，嘉靖二年（1523年）担任绍兴知府。因此，他在回忆中所谈的经历，见证的是15世纪末至16世纪初三四十年间江南，尤其是关中地区里社坛、乡厉坛及其祭祀走向衰微的过程。[75]

更常见的情形是，随着时间推进和地方行政职能的转变，里社坛、乡厉坛及其祭祀本身发生了剧烈的变动，这个问题将在下文详谈，此处仅举两例为证，以示变动之一斑。其一是江南泾县的事例：

> 里社坛：洪武八年，令每里置坛一所。……今里中率无坛，多有小庙，或祭或否，多不循礼，故并记之，以劝来者。⑯

其二是湖广蕲州的事例：

> 按：国社州厉俱各如制，无可议者。其安平等十乡原立厉坛，名实俱泯。里社虽行，惟假淫祠为坛，巫觋为祝，博求众神，以祈百福。殊不知春秋二社，专祀土谷之神，以祈丰年，期于上下俱足而已，浪祀何益之有哉。⑰

在上述两个事例中，一则有庙无坛，或祭或不祭，多不循礼；一则假借淫祠为坛，巫觋为祝，都发生了较大变异，引起了方志编纂者的种种不满。

有清一代，大体沿袭了明代的社稷坛、厉坛祭祀制度，但也作了不少变通。顺治元年(1644年)定社稷坛为大祀，每年春秋祭祀太社、太稷。但明代建泰厉、定期祭厉的礼制，在清代没有延续。《清史稿》云："明制，自京师讫郡、县，皆祭厉坛。清初建都盛京，厉坛建地载门外。自世祖入关后，京师祭厉无闻焉。"⑱不过直省府州县基本延续了建坛祭祀社稷、厉的做法。顺治元年定，直省府州县祭社稷坛，岁以春秋仲月上戊日致祭。雍正十年(1732年)，针对有司视祭祀为具文，规制不尽周备，坛壝未得及时修葺及僻远州县坛壝规模简略、礼仪草率的现象，上谕"着礼部行文各省督抚，饬府州县敬谨修理，以重祀典"。乾隆八年(1743年)，颁发各省社稷坛祝文。[79]厉坛也是如此。"顺治初年定，直省府州县，各立厉坛于城北郊，每年清明日、七月十五日、十月朔日，用羊三、豕三、米饭三石，并香烛酒醴楮帛以祭本境无祀鬼神。"[80]

在乡里层面，清代最重要的变动是，《会典》对里社坛和乡厉坛不作规定，这意味着清廷不再要求乡里建坛设祭。在实践层面，从一些方志看，对里社、乡厉进行祭祀的惯例，似乎在一些地方延续下来。如光绪《长汀县志》载，福建长汀县里社坛、乡厉坛各有十处，"每岁依府县祭祀日祭之"[81]。又如福建福安县，"厉坛祀境内无祀鬼神，在县有邑厉之祭，在一里又各有乡厉之祭"[82]。安徽休宁县，里社坛、乡厉坛，"在各乡，一十六所"[83]。但正如和田博德指出的，这种记载与其说证明了两坛在清代的延续，不如说是清代方志抄袭明志旧说的结果。[84]在绝大多数地方，由官方定制的里社、乡厉祭祀，至清代已基本停止，在一些地方，社祭和厉祭在民间改由其他方式举行。

通过梳理历代的社祭、厉坛，考察里社坛、乡厉坛制度的出台和推行，我们可以大致确定，对社、厉的祭祀，在中国古代有较为悠久的历史，汉、唐两代曾尝试在乡里推行社祭，不过跟汉、唐相比，明初出台的里社坛、乡厉坛制度有若干值得注意的特点：明初的两坛制度，第一次整合了对社稷和厉的祭祀并为此建立了具体的制度；有翔实史料显示，两坛以里甲制度为依托，曾在全国各地乡村全面地推行；下文第四节的讨论还将证明，在东南地区，这一制度在一些地域延续了较长时间，同时给这些地域的乡村社会带来了较为持久的社会文化影响，甚至今日仍可找到它们的印记。因此，这一制度进入明清乡村的深度和广度，应该说在很大程度上超出了以往学者的估计。

注　释

① ［日］和田博德：《里甲制と里社坛·乡厉坛——明代の乡村支配と祭祀》，见庆应义塾大学东洋史研究室编：《西と东と——前嶋信次先生追悼论文集》，413～430页，东京，汲古书院，1985。

② 参见弘治《上海志》"上海县地理图"和同书卷之四"坛壝"，见《天一阁藏明代方志选刊续编》，7册，12、138页。

③ 参见正德《袁州府志》卷之五《坛壝》，见《天一阁藏明代方志选刊》，37册，1b～2a页。

④ 参见嘉靖《萧山县志》第二卷《公署》，见《天一阁藏明代方志选刊续编》，29册，132页。"百家坛"的来历，应是出于明初百户立一坛的做法。

⑤ 参见弘治《夷陵州志》卷之五《惠政》，见《天一阁藏明代方志选刊续编》，62册，327～328页。

⑥ 参见天启《平湖县志》"县治城外全图"，县城外东南角标示"鬼神坛"，见《天一阁藏明代方志选刊续编》，27册，60页。

⑦ 参见弘治《上海志》"上海县地理图"，见《天一阁藏明代方志选刊续编》，7册，12页。

⑧ 参见《皇明制书》卷七"洪武礼制"，见《续修四库全书》，788册，312页。

⑨ 永乐《乐清县志》卷四《坛场》，见《天一阁藏明代方志选刊》，20册，16b～17a页。

⑩ 嘉靖《太仓州志》卷四《公署志》"祀典"条，见《天一阁藏明代方志选刊续编》，20册，320～321页。

⑪ 隆庆《长洲县志》卷之十一《坛祠》，见《天一阁藏明代方志选刊续编》，23册，295～296页。

⑫ 参见嘉靖《九江府志》卷之八《职官志》，见《天一阁藏明代方志选刊》，36册，9a页。此处谈到的是江西瑞昌县的事例。

⑬ 正德《袁州府志》卷之五《坛壝》，见《天一阁藏明代方志选刊》，37

册，1b 页。

　　⑭　《群祀四》，见《明会典》，卷之九十四，533 页，北京，中华书局，1989。并参见《皇明制书》卷七的"洪武礼制"，见《续修四库全书》，788 册，305 页。

　　⑮　参见万历《会稽县志》第十三卷《礼书五》"祠祀"条，见《天一阁藏明代方志选刊续编》，28 册，523 页。

　　⑯　参见正德《姑苏志》卷第二十八《坛庙下》，见《天一阁藏明代方志选刊续编》，12 册，608 页。

　　⑰　参见嘉靖《应山县志》卷下《艺文下》，见《天一阁藏明代方志选刊》，55 册，12b 页。

　　⑱　参见《群祀四》和文中配图，见《明会典》，卷之九十四，533、536～537 页，北京，中华书局，1989；并参见《皇明制书》卷七的"洪武礼制"，见《续修四库全书》，788 册，305 页。

　　⑲　弘治《将乐县志》卷之六《坛墠》，见《天一阁藏明代方志选刊续编》，37 册，264 页。

　　⑳　弘治《句容县志》卷之五《坛墠》，见《天一阁藏明代方志选刊》，11 册，2a 页。

　　㉑　正德《松江县志》卷之十五《坛庙》，见《天一阁藏明代方志选刊续编》，5 册，791、825 页。

　　㉒　同上书，787 页。

　　㉓　《皇明制书》卷二十"节行事例"，见《续修四库全书》，765～766 页。

　　㉔　齐福建言一事，见于几部明代方志。如嘉靖《沈丘县志》卷之二《官制类》载："邑厉坛：……洪武二十九年八月，用徐州萧县县丞齐福言，议处定式，颁行天下，每岁清明日、七月十五日、十月初一日凡三致祭。"（《天一阁藏明代方志选刊续编》58 册 1011 页）嘉靖《开州志》卷之四《祠祀志》3b 页亦云："礼有泰厉、公厉及族厉之制，则知郡设厉祭，有自来矣。国初用齐福之议，遂颁布为定式，得先王之遗意矣。呜呼，仁哉。"（《天一阁藏明代方志选刊》46 册）

㉕　嘉靖《巴东县志》卷二《政教纪》"神纪"，见《天一阁藏明代方志选刊续编》，62册，1244页。

㉖　正德《新城县志》卷之六《坛壝》，见《天一阁藏明代方志选刊续编》，46册，502～503页。

㉗　万历《慈利县志》卷之十二《典祀》，见《天一阁藏明代方志选刊》，59册，2b页。

㉘　嘉靖《宁国县志》卷之二《坛壝》，见《天一阁藏明代方志选刊续编》，36册，580～581页。

㉙　弘治《温州府志》卷之十九《词翰一》，见《天一阁藏明代方志选刊续编》，32册，1008页。

㉚　嘉靖《兴宁县志》卷二《地理部二》，见《天一阁藏明代方志选刊续编》，66册，1096页。

㉛　嘉靖《武定州志》的《祠祀志第九》，见《天一阁藏明代方志选刊》，44册，42a-42b页。

㉜　嘉靖《定海县志》卷九，《坛庙》，见《天一阁藏明代方志选刊续编》，29册，814页。

㉝　另一种理解是，寒林所是举行祭祀时，在厉坛设立的临时祭祀设施，无主孤魂就是在此处进行祭祀的。

㉞　参见和田博德《里甲制と里社坛·乡厉坛——明代の乡村支配と祭祀》415～416页的讨论，和田没有注意到各地的诸多变通。

㉟　崇祯《吴县志》卷之十九《坛庙》，见《天一阁藏明代方志选刊续编》，16册，479页。

㊱　嘉靖《尉氏县志》卷之二《官政类》，见《天一阁藏明代方志选刊》，49册，45b页。

㊲　嘉靖《罗田县志》卷之五《祀典志》，见《天一阁藏明代方志选刊续编》，62册，172页。

㊳　正德《光化县志》卷之二《坛庙类》，见《天一阁藏明代方志选刊》，55册(无页码)。

㊴ 隆庆《瑞昌县志》卷之五《秩祀志》，见《天一阁藏明代方志选刊》，40册，11a-14a页。

㊵ 嘉靖《宁州志》卷之九《坛壝》，见《天一阁藏明代方志选刊续编》，43册，415～418页。

㊶ 隆庆《潮阳县志》卷之十《坛庙志》，见《天一阁藏明代方志选刊》，63册，4a页。

㊷ 栾成显：《明代黄册制度》，16～23页，北京，中国社会科学出版社，1998。

㊸ 在以乡、图等立坛的地方，祭祀涉及的户数不在此例。

㊹ 与郑振满私下交流，他认为，明清乡村统治有"仪式化"的趋向，此处所谈的现象也许可以视为"仪式化"的一个例证。

㊺ 嘉靖《茶陵州志》卷上《祀典》，见《天一阁藏明代方志选刊续编》，63册，915页。

㊻ 嘉靖《建宁县志》的《祠祀志第四》，见《天一阁藏明代方志选刊续编》，38册，577～578页。

㊼ 嘉靖《建宁县志》的《地理志第一》，见《天一阁藏明代方志选刊续编》，38册，426页。

㊽ 参见成化《重修毗陵志》卷二十六《坛壝》，见《天一阁藏明代方志选刊续编》，22册，404页。

㊾ 参见《皇明制书》卷七"洪武礼制"，见《续修四库全书》，788册，306页。

㊿ 同上书，315、317页。

(51) 参见成化《重修毗陵志》卷二十六《坛壝》，见《天一阁藏明代方志选刊续编》，22册，404页。

(52) 嘉靖《归州志》卷之三《祀典》，见《天一阁藏明代方志选刊续编》，62册，873～874页。

(53) 嘉靖《真阳县志》卷第七《仪礼志》"祀典"条，见《天一阁藏明代方志选刊续编》，60册，735～736页。

(54) 嘉靖《威县志》卷之五《文事志》“祀典”条，见《天一阁藏明代方志选刊续编》，2册，763页。

(55) 《皇明制书》卷七“洪武礼制”，见《续修四库全书》，788册，316～317页；并据《群祀四》参校，见《明会典》，卷之九十四，536页，北京，中华书局，1989。

(56) 同上。

(57) 参见刘永华《民间礼仪、王朝祀典与道教科仪：近世闽西四保祭文本的社会文化史阐释》，见刘永华主编：《仪式文献研究》，175～229页，北京，社会科学文献出版社，2016。

(58) 嘉靖《萧山县志》第二卷《建置志》“公署”，见《天一阁藏明代方志选刊续编》，29册，131页。

(59) 隆庆《潮阳县志》卷之十《坛庙志》，见《天一阁藏明代方志选刊》，63册，3b～4a页。

(60) 嘉靖《寻甸府志》卷上《祀典》，见《天一阁藏明代方志选刊》，67册，67a页。

(61) 嘉靖《辉县志》卷之三《坛壝》，见《天一阁藏明代方志选刊续编》，61册，44～45页。

(62) 参见嘉靖《寻甸府志》卷上《祀典》，见《天一阁藏明代方志选刊》，67册，61a页。

(63) 参见《郡、邑厉坛祭祀银数额一览表》，见董乾坤：《无祀鬼神的盛宴——明清厉坛制度研究》，硕士学位论文，100～102页，厦门大学，2012。

(64) 嘉靖《曲沃县志》卷第一《徭役》，见《天一阁藏明代方志选刊续编》，4册，335页。

(65) 参见《郡、邑厉坛祭祀银数额一览表》，见董乾坤：《无祀鬼神的盛宴——明清厉坛制度研究》，硕士学位论文，100～102页，厦门大学，2012。

(66) 嘉庆《无为州志》卷十《学校志二》，见《中国地方志集成·安徽府县志辑》，8 册，133～134 页，南京，江苏古籍出版社，1998。以下所引《中国地方志集成·安徽府县志辑》收录方志，出版信息相同，不再特别注明。

⑰ 同上。

⑱ 正德《莘县志》卷之四《坛壝志》，见《天一阁藏明代方志选刊》，44 册，2a 页。

⑲ 参见正德《莘县志》卷之一《坊乡》，见《天一阁藏明代方志选刊》，44 册，5a 页。

⑳ 嘉靖《长泰县志》(不分卷)《规制志》"坛壝"条，见《天一阁藏明代方志选刊续编》，38 册，918～919 页。

㉑ 嘉靖《宿州志》卷之六《建设志》"祀典"，见《天一阁藏明代方志选刊》，23 册，17a 页。

㉒ 嘉靖《沔阳志》的《秩祀》，见《天一阁藏明代方志选刊》，54 册，1b 页。

㉓ 嘉靖《兰阳县志》卷之三《建置志》，见《天一阁藏明代方志选刊》，52 册，14a 页。

㉔ 参见嘉靖《丰乘》卷之五《秩祀庙》，见《天一阁藏明代方志选刊续编》，42 册，250 页。

㉕ 参见万历《绍兴府志》卷之十九《祠祀志一》，见《中国方志丛书·华中地方》，520 号，1410～1411 页，台北，成文出版社，1983。[日]和田博德：《里甲制と里社坛·乡厉坛——明代の乡村支配と祭祀》，见庆应义塾大学东洋史研究室编：《西と东と——前嶋信次先生追悼论文集》，425～426 页，东京，汲古书院，1985。

㉖ 嘉靖《泾县志》卷之六《禋祀纪》，见《天一阁藏明代方志选刊续编》，36 册，170～171 页。

㉗ 嘉靖《蕲州志》卷之八《坛壝祠庙寺观》，见《天一阁藏明代方志选刊》，55 册，57b～58a 页。

㉘ 《礼三》，见赵尔巽等：《清史稿》，卷八十四，2551 页，北京，中华书局，1977。

㊲　参见昆冈等编修《大清会典事例》卷四二七《礼部一百三十八》，见《续修四库全书》，804 册，708～709 页。

㊳　昆冈等编修《大清会典事例》卷四四四《礼部一百四十五》，见《续修四库全书》，805 册，102 页。

㊱　光绪《长汀县志》卷之十三《祠庙》，见《中国方志丛书》，87 号，209 页，台北，成文出版社，1967。

㊲　光绪《福安县志》卷之十《典礼一》，见《中国方志丛书》，78 号，112 页，台北，成文出版社，1967。

㊳　道光《休宁县志》卷之二《营建志》，见《中国地方志集成·安徽省府县志辑》，52 册，53 页。

㊴　[日]和田博德：《里甲制と里社坛·乡厉坛——明代の乡村支配と祭祀》，见庆应义塾大学东洋史研究室编：《西と东と——前嶋信次先生追悼论文集》，430 页，东京，汲古书院，1985。

里社坛、乡厉坛祭祀与乡村社会

在论述里社坛、乡厉坛制度的源流、出台和推行后，笔者转入讨论两坛祭祀与乡村社会之间的关系。如何理解明中叶两坛的废弃？里社坛、乡厉坛制度对明清乡村社会有何影响？这一制度如何影响乡村礼仪？它为乡村社会留下了哪些社会文化遗产？对这些问题的讨论，不仅有助于思考明清两坛制度与乡村社会之间的关系，也为讨论两坛制度的推行是否得到落实提供了间接证据。笔者认为，两坛制度包括三个维度：仪式—社会框架、礼仪制度与帝国象征，下文将从这三个维度，对上述问题进行探讨。

一、乡村社祭和厉祭的变迁

上文第三节对里社坛、乡厉坛制度不同侧面的考察，可以作为我们思考这一制度与乡村社会互动问题的一个出发点。首先应该注意的是两坛的空间分布。跟其他历史时期相比，明代社稷坛、厉坛制度有个重要特点，这一制度的设计者不仅在州县层面建立了两坛制度，更重要的是，他们试图将这一制度推广至广大的乡村。从制度的设计理念看，两坛应以相当数量的人户（一般100户或110户）为单位，在乡村广泛地建立起来。从各地的情况看，这个理念在不同程度上得到了落实。尽管存在不少变通，以里（或称图）为单位建立两坛成为各地较为通行的做法，结果，一县之中，里社坛、乡厉坛在数十个乃至数百个乡村建立起来（在相当一部分州县，里社坛、乡厉坛还分别立于不同的村落，这样一来，立有坛场的村落数量翻了一番）。这种空间分布格局，将两坛制度带入为数甚多的村落。此外，修建坛场的村落，多位于交通便利之处，人口规模应较偏远村落大，这也是在理解两坛与乡民之间的互动时应该注意的。

在时间方面，应该注意的是民众参与两坛祭祀的频度。仅就制度设计而言，里社坛每年祭祀两次，而乡厉坛举行三祭，每年合共祭祀五次。在这种说不上频繁，却每年都常规举行的祭祀中，相当一部分民众每隔两个多月就有机会参与一次祭祀。若是从 18 岁开始算起，一位民众至 50 岁时，理论上有机会参与 160 次祭祀。这种长期参与祭祀的经历，对其潜在的影响是不容忽视的。

从祭祀的仪注看，两坛制度的设计者并未要求各里的所有民众参与祭祀，能否参与祭祀，理论上是以个体民众的品行为依据的。在仪注中，预设的参与者可能只包括执事、若干陪祭、引礼及协助礼仪的其他人员，其他民众被分配的任务，应该是出席活动但不一定参与祭祀。不过，他们虽不参与祭祀，但理论上应参与宣读《抑强扶弱之誓》，因而他们并非纯粹的旁观者。由于史料的局限，在两坛衰败之前，民众对两坛祭祀的真正参与度，可能永远也无法搞清楚。但从笔者下文将要讨论的史料看，至少有一部分民众每年都参与两坛祭祀，则是难以否认的事实。

当然，民众对两坛制度的参与，我们不宜高估。由于两坛散布于乡村，与生活在两坛所在村落的民众相比，那些在较为偏远村落生活的民众，其参与度可能是有一定差异的。尽管每年举行五祭，这并不意味着同一个乡民会参与所有祭祀活动，也不意味着他们每年都会出席祭祀。而且真正参与祭祀的民众，恐怕只是各里民众中的一小部分，妇孺、老人可能都不在参与者之列，相当部分的成年男性，也未必常规地参与祭祀。不过难以否认的是，由于这一制度在空间、时间与仪注等方面的安排，在两坛衰败之前，乡村中至少相当一部分民众，常规地参与两坛祭祀。以此为契机，祭祀仪式及其隐含的理念很可能逐渐渗入乡村，在社会、文化等层面对乡村社会带来影响。

我们知道，明初建立的里社坛、乡厉坛，至明代中叶，绝大多数已被废弃，明后期诸多方志的记载，都证实了这一现象。那么，这一制度对乡村社会的影响，就此消失了吗？它给乡村社会留下了哪些遗产？对于这些问题，绝大多数方志基本上是三缄其口，但各种民间文献却为此提供了较为丰富的信息，为我们显示了这一制度如何融入乡村社会并为其带来何种影响。

从各地文献和田野考察资料看，明中叶以后里社坛、乡厉坛虽先后被废弃，但社、厉的祭祀并未就此从乡村消失，而是以改头换面的方式，继续在乡村祭祀中保有自身的地位。里社坛祭祀的转变，主要包括两大形态：其一，社坛，这一形态基本上保存了里社坛"坛而不屋"的形制，但其祭祀主体不再是里甲体系，而是其他社会群体，下文讨论的福建汀州四保社坛，就沿袭了这种形态；其二，社庙或社殿，这一形态不再保留神坛形制，社坛被改造成祠庙，社神也常被具象化，塑造出人格化的社公、社婆的形象，乡间习见的土地公、土地婆可视为这一形式的一种变异形态。下文谈到的福清田墘社神和休宁茗洲社神，就是在社祠中以神像的方式被供奉、祭祀的。徽州供奉社神之处通常称作社庙，而在浙南遂昌，这种建筑多称作社殿。厉坛的变动大致也可分为两种形态：一种跟里社坛类似，即保持"坛而不屋"的形制，汀州不少乡村所立的厉坛，基本上就属于这一形态。这种形态也见于徽州，不过名称有别。另一种则不再有物化表征，厉主要出现在乡村定期举行的一些大型打醮仪式当中，这一点下文将作详谈。因此，通过种种变异的方式，社、厉并未随着里社坛、乡厉坛制度的衰微而消失，而是继续存在于乡村，继续对乡村的象征生活带来影响。

那么，社、厉是以何种方式融入乡村的呢？经历的是何种社会进程？得益于郑振满对福建社坛演变的先行研究，我们今天对这一过程已有了一定了解。他的研究显示，里社坛的影响，并未随着神坛的废弃而消失。相反，它们被本地的各村落分割，从而更广泛地融入乡村社会。在他引证的史料中，首先值得注意的是明末首辅叶向高(1559—1627)的《家谱宗邻传》，这篇文字提供了其家乡福清县的分社事例：

> 环云山而居者数百家，吾居中央，又近水，故曰田墟。在吾居之后而稍右者，曰墙里，意其初以墙为界，故曰墙里也。墙里叶姓，其祖曰琚公，以主文名，琚公兄弟十余人，……今(折)[析]七户：曰南厝、民户，曰新厝、民户，曰后厝、盐户，俱

隶六图；曰上厝、民户，曰北头、民户，曰北头、盐户，俱隶五图；曰利厅、盐户，隶二图；合之近百人，与吾家讲宗礼，庆吊往来最密。在吾居之后而稍左者，曰师厝，以其业巫祝，俗称之曰师，故曰师厝。师厝亦叶姓，八户：曰公俊、曰榕郎，俱民户，隶六图；曰仕美、盐户，曰思谦、民户，隶二图；曰仕清、曰仕棍，俱盐户，隶三图；曰保渴、民户，隶三图；曰伯琳、盐户，隶六图；合之亦近百人。……在吾居之右而稍高者，曰前宅，其地故林姓，曰上庄林，今迁化北里，而叶氏居之，户三：曰世敬、盐户，隶五图；曰德立，盐户，隶三图；曰邦佐、盐户，隶二图。德立、邦佐为一族，甚微，而世敬之族分居山西，后(折)［析］三户：曰琼瑶、曰洪江、曰魁荣，俱盐户，而琼瑶、魁荣六图，洪江三图，合之可百余人，多治梓人业。又有别户曰有贤，附山西。在吾居之右而稍前者，曰薛厝，其地故王姓，而薛氏自里之东薛来赘焉。未几王氏绝，并其旁曲店叶氏，皆归于薛。薛氏军户，而方、陈二户共之，族可三四十人。……此数家，皆吾密邻，皆共社。社有祠以奉土谷神。……山西故共社，然其人众而嚚，每岁时迎神报赛为社会，辄使酒骂坐，甚至斗阋，乡人苦之。顷社祠圮更筑，父老议不敛山西一钱，摈不与会，山西亦自创社，不复来会，社会之免于纷哄，自分社始也。①

叶家位于闽东福清县东南孝义乡化南里云山境②，叶家所在的田墙，本与周围的墙里、师厝、前宅、薛厝、山西等共为一社。这个社内有叶、林、薛等诸姓，其中叶姓又包含数族。在户籍方面，各族通常立有数户，分属民户、军户、盐户(即灶户)等，在里甲系统中分隶二图、三图与五图。笔者推测，这个社之所以包括数图之众，可能是因为它是按都而非里(图)设立的，要不就是因为到了 16 世纪末 17 世纪初，原有户籍系统已紊乱。有趣的是，田墦等村原本与山西共社，因山西人多，在迎神会宴时经常出现打骂、斗殴等事，于是等到土谷祠重建时，田墦等村就自己出资重建，而山西也自创社，从此两社分开。③

福清云山境里社分割时，地缘群体仍是社的基本单位。分割之前，该社包括叶、林、薛等姓。分割本身并非以姓氏、宗族为单位进行的，因为分割之后，田墦没有继续与山西共社，而是与异姓村落合为一社，可见此时里社虽已分割，但并未走向宗族化，成为一族的独占物。随着宗族的兴起，一姓独大的村落，出现了排挤异姓，一姓独占一社的格局，徽州休宁茗洲社祭就经历了这个过程。

茗洲位于休宁县虞芮乡三十三都，茗洲吴氏先祖吴祥于元初开基此。洪武十四年（1381 年），休宁编户二百四十七里，洪武十九年（1386 年）置十二乡，统四隅三十三都。④明初在乡村立里社坛、乡厉坛，县志载里社坛"在各乡"，乡厉坛注明"在各乡，一十六所"，⑤这个数据接近乡数(十二)，离都数(三十三)、里数(二百四十七)则相距甚远，因此，休宁的两坛可能是以乡为基本单位修建的。茗洲所在的虞芮乡，下有三十、三十一、三十二、三十三都，共十七图四十五村，这是覆盖了较广的地域范围的一个里社。

这个里社何时开始分割，史无记载，不过正统年间(1436—1449)，茗洲已经建立了本村的社会，名叫祈宁社。万历年间吴氏族人吴子玉所撰《茗洲吴氏家记》之《社会记》篇，记录了正统年间祈宁社的变革过程：

（正统十二年春社）是日，绌革吴宗成等非类者四户，新入德烜、德安、德皓、敏文四户。无何，宗成兄宗佑自外归，介李存政、谢瑞恳入社，愿槌羊、豕、尊酒，至门赛谢社神，姑许留之。社户十勾为次：吴普佑，字孟容；吴斯文，字音海；吴德昱，字文明；吴敏文，字茂成；吴德烜，字文亮；吴德安，字进武；吴德皓，字文暹；吴存杰，字功杰；吴德春，字进民；德昶，字文升。

（正统十三年春社，社日）宗佑客外不归，弟宗成、宗和仍前不悛，祀慢不恭，众议再绌之。是社会值宗佑为渠首，兄弟因其不类，众给办赛，竟斥去成兄弟。⑥

正统十二年（1447 年）以前，茗洲吴氏家族和其他同姓（也可能包括异姓）一同举行社祭，共社户十户。此年春社社日，绌革吴宗成等四户，补入四户，保持了十户社户的格局。后因吴宗成之兄找人央求，暂时允许其留在社内，但次年，还是以吴宗成等"仍前不悛，祀慢不恭"为由，将其革绌。查吴氏世系，吴宗成兄弟虽是吴姓，但似非同族，而且革绌之社户四户之中，或有非吴姓之人。正因如此，吴子玉在《社会记》引言中指出：

> 先是，我社有非我族类溷其间者凡四户，至正统丁卯（即正统十二年——引者）社日尽绌之，增入我族户如其数，是社当称族社矣。长老(?)曰：立社以来，故有记事。今既称族社，则族属事尤载笔者所当记。遂于是日具簿牒，书岁候，书牧长及时事如故。故今要删丁卯以前者不录，采其后事，载入家记云。⑦

可见，上文所说"非类者"，是指"非我族类"，亦即不属吴祥之后裔的外族人，包括其他吴姓在内。经过此次清理，祈宁社社户全属吴祥后裔，因而成为所谓的"族社"。吴子玉视之为族史上的大事，《社会记》记事就是以正统十二年绌革吴宗成等为开端。

值得注意的是，《休宁茗洲吴氏家记》中，嘉靖六年

（1527年）留下了一条修建社坛的记载："族因与兴福社同祷，每致懔忮结衅，乃告县给分祷执照，与塘田社、碜源里、外社共立坛于碜坑口鱼塘背山麓，建立五谷土主神碑，春秋祀赛。"⑧此年上距正统十二年已有八十年，但茗洲吴氏仍与兴福社等"同祷"。不过由于彼此结仇，无法继续共事神明，吴氏族人遂"告县给分祷执照"，然后与其他几个社另择一地，创建新社坛（即"五谷土主神碑"），独立举行祭祀。

对这个史料，有几个问题值得注意。其一，引文中提到兴福社、塘田社、外社等，加上吴氏控制的祈宁社，这几个社的性质是什么？它们之间有何关系？笔者认为，这些社并非社坛之谓，而是以祭社为主要目标而结成的会，亦即文献所谓"社会"。在《社会记》历年记载中，常出现"九社"一词，在九社合议的地方事务中，又常出现"福初、兴福二社"的说法（详见下文），这些表述为理解各社之间的关系提供了线索。结合上引文字的信息，笔者推断，九社组成的群体，应该接近明初休宁各乡建立的里社坛背后的祭祀主体。在嘉靖六年分裂之前，这个九社组织是茗洲附近地域共同举行社祭的主体，因此九社可视为一级社（社会）。福初社和兴福社，则是九社群体分割的结果，可视为二级社。嘉靖六年分裂之后，福初社自建社坛，不再与兴福社共同举行社祭。塘田社、外社、祈宁社之类，则应是福初社之下的三级社，也是最基层的社会。

其二，二级社、三级社的出现，最初可能是为了组织上的方便，新社成立后，可能会建立自身的社坛或社庙，不过仍需赴所在的一级社的社坛参与祭祀。这意味着，社和厉的分割，未必是新社取代旧社的过程，而是在此基础上形成了自上而下的包容性的阶序体系，位于下位的社有义务参与所属上级社的祭祀。

其三，如果想要脱离旧社，成立独立的新社，必须得到衙门的背书，这也就是"告县给分祷执照"的意思。换句话说，要脱离原先的里社系统，必须有充分的理由，并获得州县衙门的批准，在得到衙门颁发的"分祷执照"之后，方可修建自身的社坛，举行独立的社祭。在这种制度中，参与祭祀首先是一种民众应尽的义务。这种分祷执照的内容如何，有待于日后对徽州文书进行深入挖掘。值得注意的是，茗洲附近的里社坛祭祀，至嘉靖六年前后，仍接受县衙的管理，为理解正统之后两坛制度的存续，提供了一个弥足珍贵的证据。

笔者在旧汀州地区进行田野调查期间，也收集到不少史料和实物证据，为了解明清社祭、厉祭的分割过程提供了翔实的信息。笔者调查的四保地区，明清时期分属长汀、清流、宁化和连城四县，其主体部分位于长汀、清流境内。明清时期，在长汀和清流均设有四保里，里名相同而分隶两县。如表4-1所示，汀州的里社坛、乡厉坛是按里设置的。明代长汀设有十里，而里社坛、乡厉坛数也是各十所，清流稍有不同，明初设十里，成化年间归并为七里，而里社坛、乡厉坛各有六所，比里数各少一所，不过应该也是按里修建的。这意味着，四保地区的民众，可能由于隶属的不同，分别参与四县的两坛祭祀。

表4-1 明代汀州府的里社坛与乡厉坛

县份	明初里数	成化九年里数	成化八年里社坛、乡厉坛数
长汀	10	10	10+10
宁化	12	12	14+14
清流	9	7	6+6
上杭	10	7	9+9
武平	7	7	6+6
连城	6	6	6+6
归化	——	7	7+7(a)
永定	——	5	5+5
备注	(a)根据《八闽通志》，归化县的里社坛与乡厉坛均为四十五所，而嘉靖《汀州府志》的记载为七所，此处从后者之说。		

资料来源：黄仲昭《八闽通志》卷十六、《八闽通志》卷五十八、嘉靖《汀州府志》卷三。

进入四保地域，很快就会发现，当地乡村立有不少社坛和厉坛。它们是何时修建的？或者说，这一地域的里社坛、乡厉坛，是何时开始分割的？一村一坛或多坛的格局，是何时开始出现的？长汀县四保里最初的里社坛设于何处，笔者没有掌握具体证据。不过明初马屋马氏是里长户，考虑到整个明代马氏在四保里的重要地位，里社坛很可能修建于马屋（今连城县马屋村）。不管如何，明初建立的里社坛已不复存在。马屋现存据传年代最为久远的社坛，建于马屋村后龙山上，坛内立有旧碑两通（参见下图），一碑无字，另一碑则有题刻：

大宋纪□始(?)祖马七郎　立

大元至治六代祖千六五

扶风社稷之神……

大……

大明正统十代任磁州知州马河图

十一代任湖湘巡抚……⑨

连城县马屋村社坛(刘永华摄)

从文字判断，这通社坛碑应该是由马氏族人以马河图和马驯的名义建立的⑩，具体年代不详，不过清楚的是，这个社坛并非一里的社坛，而是马屋马氏全族（统合了千五郎、千七郎两个支系）所立的社坛，因而类似于茗洲吴氏的"族社"。

另一条证据来自清流县江坊村。明清时期，江坊隶属清流县四保里。据《济阳江氏族谱》记载："合乡设立社坛，架造石龛一所，内书'济阳郡社稷之神'。于崇(正)[祯]十二年戊寅重修。"⑪江坊社坛的名号为"济阳郡社稷之神"，崇祯十二年(1639 年)重建，据此推断，这个社坛最晚建于 16 世纪末或 17 世纪初，而济阳郡是江氏郡望，无疑，这个社坛并非明初里社坛，而是江氏一族的社坛。这是目前可考的四保地区最早的村落层级的社坛。

更多的社坛可能是到清代才修建的。年代可考的清代社坛碑，笔者在四保田野期间找到了几通。连城县上保村立有新旧两个社坛。旧坛建于村落西南面小溪边上的河背排地方，坛碑上题："道光二十一年/本境社公神/七郎公立"⑫，可知由邹七郎后裔亦即上保邹氏宗族所立。新坛建于上保水口的大桐桥下，修建年代不详。上保邹氏还专门置买社公田，其租金供社公祭祀之用。⑬连城县严屋村社坛上书："大清甲戌众立/顺和乡社神一位"⑭，顺和乡即严屋，可见此社坛为严屋严氏宗族专有。到了晚清，社坛成为四保常见的景观。即使到了今日，四保各村还常常见到社坛，而且不少村落建有两个或两个以上的社坛。

笔者在四保实地也找到不少厉坛碑，其中尤以原清流县四保里所见厉坛碑最具史料价值。结合当地民间文献的记载，可大致重构清流县四保里乡厉坛的演变轨迹。从现存文献看，明初清流四保里的乡厉坛，似乎设于今清流县长校村水口处。⑮若干村落设立厉坛的时间，可能比分社的时间更晚，大致不早于清代中叶。来自江坊的一则族谱史料称：

一厉坛，老上十年值甲者，往祭于长校水口，遗址尚存。后屋头门立于下冯钯头坵尾路边，塘塅上立于水口砂堤中间月形上，系万实公己助之业。坪上门立于会龙桥尾后土右手溪墈上。今嘉庆七年壬戌岁四月初二日，高盛、义魁、尧士等为首，立于今之营上下手石薮内，后靠复钟形，前朝大溪水，辛山乙向，天然佳境也。輂石下、横坑、井边各帮有钱。⑯

透过这则史料可知，清流四保里各村原本轮流到长校水口祭祀厉坛，至 18 世纪末，江坊江氏方才在村中修建厉坛。⑰一份道光十八年（1838 年）来自山村黄石坑的史料亦称，"查得长校村口之无祀坛，吾乡歇祭历有年所，……不如将此二处出租助归无祀坛，以便递年清明永作设祭之需"⑱。黄石坑村民原本至长校水口祭祀厉坛，但这份道光十八年写成的文章称，乡民们若干年前已不再前往长校祭祀，原本用于祭祀长校厉坛的田产，最后充作清明祭祀之用。这条史料为江坊族谱记载提供了旁证。那么，黄石坑是何时退出长校厉坛祭祀的？笔者在考察黄石坑时发现，村中最早的厉坛碑，位于后龙山上，上书"嘉庆六年（1801年）十二月□日吉立"[19]。其创建年代与江坊厉坛相近，可视为清中叶清流四保里厉坛分化的另一个旁证，可知可能建于明初的长校厉坛祭祀体系，至嘉庆初前后方才宣告解体。

至清末，修建厉坛与社坛一样，成为四保乡村习见的做法。乡民祭祀厉坛有两种通行做法：其一，基于一村或一角落，或是一族或一房；其二，相关信众可结成自愿会社（自愿会社部分，下文再详谈）。马屋现有厉坛中，现有年代最早者建于嘉庆年间，碑文称："嘉庆丁丑年十月吉日立／无祀神坛座位／折桂乡众祀"[20]。这个建于嘉庆二十二年（1817年）的厉坛（无祀神坛即厉坛），标明是"折桂乡众祀"，而折桂乡为马屋的雅称，可见这应是由马屋马氏合族共建的。位于四保盆地西面山间的小村珊坑（今属长汀县童坊乡），立有厉坛两所：嘉庆二十二年（1817年）所立厉坛，标明为"杉坑合乡众全祀"，应为全村公立；另一所立于民国三十五年，是由村中邱氏所建（"邱二郎公"）。㉑清流县茜坑村厉坛也是由村中王氏家族所立。㉒江坊建有厉坛五所以上，四所是由村中的角落修建，修建年代早于嘉庆七年。㉓江坊是江氏聚居的单姓村，这些角落的聚居者，应是江氏的某些房支。上保的厉坛立于后龙山上，具体时间是同治十一年（1872年），为邹国柱裔孙所立，也是一房的厉坛。㉔上保对面的枧头（今亦属连城县），是吴氏聚居的小村，村中的厉坛建于道光二十三年（1843年），修建者为吴氏十七世祖吴其化之裔孙（下图）。㉕清中叶以来，在四保各村普遍修建的厉坛，通常建于村落的后龙山上或水口。

笔者近年参与浙南遂昌县田野考察时发现，当地社殿之间的关系也透露出分社的信息，值得注意。在遂昌石练镇中街社殿墙上，笔者发现以下文字：

《县志》卷一载，石练属保义乡十九都一图石练庄。明万历年，民间祭祀社稷太平，每坦设社稷，

连城县枧头村厉坛(道光二十三年立，刘永华摄)

石练庄划分为：上仓坛、中央街、洞门下、沙坛倪，四坦共同一社殿"众兴社"，每年秋后祭祀社主，同庆丰收，保佑平安。

此处提到的明万历年立社事，不知出自何书。上仓坛就是上街，中央街是中街，而洞门下、沙坛倪属下街。从这段文字可以了解到的是，上、中、下三街四个聚落，曾经共为一社。不过现今已分为三个社殿，上街社殿称作众兴社，中街社殿亦称众兴社，下街社殿则称作后田社。从社殿名称判断，上街、中街很可能原本共一社。如果这个假说没错，那么石练镇的三街社殿经历了从三街合共祀一社，至上街、中街合祀一社，下街自立一社，再至三街各立一社的分割过程。在当地乡村考察过程中，笔者还注意到不少社殿都称作新兴社，村民的解释是，这些社不是老社，而是后来修建的，因此称作新兴社，此可视为里社分割的旁证。

分割后的社坛或社庙，祭祀主体由里甲组织转变为村落、宗族或其分支，为此建立了相应的组织。以前述茗洲祈宁社的运作为例。祈宁社设有会首，负责管理每年的社祭，他们被称为"社渠首"。社渠首由社户轮值，牧野巽整理了《休宁茗洲吴氏家记》记载的正统十二年至弘治八年(1447—1495)近五十年间历年祈宁社渠首的名单，发现与正统十二年所列社户名单基本相合。社户相对固定，即使某些社户亡故，通常也不替补。如普佑于正统十二年轮值后，再不见于渠首，他应该是此次轮值不久后就亡故的。从正统十二年至成化七年二十多年时间中，社户的格局基本没有变动。成化七年（1471年），吴敏文亡故，社户仅存六户，次年方才"复勾社户凡八，温公承老户，而林公、森公增入二户"，由于温公只属于老社户，实际新增的仅有二户，形成八户的格局。成化十一年（1475年），再增一户。至嘉靖八年（1529年）重新分配社户，社户的规模才大幅扩充，从原先的十户左右增为二十九户。根据牧野巽的考察，这是因为分家产生的结果。㉖

祈宁社成立之初，没有不动产，运作经费可能分派自社户。成化、弘治年间（1465—1505），祈宁社先后出资购置了山场、田地，并出售木材，举办活动有了相对固定的经济来源。成化四年（1468年）十一月，"社中贸李希宁用宾山地，土名三十二都马口凹银杏坽，分数

（其）[具?]契券，功杰收，仍合同三本，音海收一，文亮收一"。成化二十二年（1486年），又"买李道行羊栈坞口田豆租二秤五斤"。该社所购田产，应该是出租与人，而山场也是租与别人植树，因此后来将山场出产的木材转售于人。弘治十五年（1502年），"将渔梁坑马口凹政字三百三十二号山木，贸与石田客汪昙十八分之一；受价二两二钱"[27]。从成化四年购入山场，至弘治十五年出售，中间相隔三十余年，这与木材成材之年限基本相合。

祈宁社因社祭而设，其基本职能自然是举行每年两次的春秋社祭。不过，除此之外它还参与不少仪式事务。其一，祈雨。如景泰五年（1454年），"九社议：于我里吴宣洞祈雨，有（兴）[福?]初、兴福二社嫌昵，不同祈。七月廿日肇事，至八月廿六日雨才沾足"。天顺三年（1459年）八月，"九社议：祷于境之吴宣洞，有福初、兴福二社各立坛祷。后雨觉多"。成化七年（1471

年)七月二十日，"福初社等祷于吴宣洞"。成化八年（1472年）八月，"福初等社祷得雨"。成化九年（1473年），"诸社七月初十日阖祷吴仙洞，不雨。十一日，至流口迎请水佛到坛，不雨。十三日，请张公山圣水，不雨。至廿七日，送神归殿"。类似记载还有一些，恕不一一列举。

其二，社还出资修复神像，赞助乡村仪式活动。成化元年（1465年），"装饰境之吴宣洞神像，十二月十七，奉送归殿，旋施奉三姑一尊"。吴宣洞，似应作吴仙洞，乃是茗洲所在地域历年祈雨之处。而上引提到的张公山，或即婺源北部鄣公山，也是远近闻名的祈雨之处。成化二十一年（1485年）八月，"社神故有像，年久坏，议易以木主，为不近亵。匠人江西王庆元，雕装主牌一座，灵芝花一对"。又如正统十四年（1449年），"社中议：首春行傩人婺源州香头角舣之戏，皆春秋社首酿米物，酬与诸行傩者，遂为例"[28]。这些活动说明，社的职能除举办春秋二社活动外，还主导所在地域的不少仪式活动。

　　社、厉除了被分割为一村之坛、一族之坛外，它们还以另一种形式扎根于乡村社会。跟村落、宗族等修建社坛、厉坛不同，明清时期的乡村还出现了自愿社团修建社坛、厉坛或独立举行社祭、厉祭的事例。在汀州四保地区，清代就出现了不少会社集资修建厉坛、定期举行祭祀的事例。18世纪中叶，马屋十位民众组织了一个无祀神会，这是目前可考的四保最早的厉坛祭祀会社。有关这个会社的缘起，一位马氏族人的传记作了介绍：

　　　　连辖许坊屡有溺水死者，时出为祟，群相惊怖，以告府君。府君曰："此孤魂无祀也。"因捐金纠众，立无祀神会，每年七月十四日，设祭江边，嗣后遂安。㉙

这位传主是马屋书商马履智（1724—1788）。许坊位于连城县，是四保前往连城县城的必经之处。为了抚慰溺死的孤魂，马履智与同人成立无祀神会，于每年七月十四日(中元)在江边祭祀孤魂。

从19世纪至20世纪前期，这种会社在四保地域时有出现。光绪二年(1876年)，几位村民在义家坊建立了一所厉坛。㉚江坊的一所厉坛是由13位村民所建，时间是光绪十一年(1885年)。㉛四保西部云峰的厉坛建于民国十八年(1929年)，修建者是10位村民。㉜马屋的一所厉坛建于民国二十八年(1939年)，由8位村民所建。㉝这些会社一般称作"无祀会"，亦称"立夏会"(当地多于立夏祭祀厉坛)。

根据明初礼制，厉坛于每年清明、七月十五和十月初一举行祭祀，马履智组织的无祀神会，似乎每年只举行一次祭祀，时间是七月十四日(与礼制所定相差一天)。到了晚清，每年祭祀一次成为较为通行的做法，时间多定于立夏日，这个安排一直持续至今。马屋现存的一本无祀神会账簿，为我们了解这些神会的运作提供了若干细节。这个厉坛祭祀会社称作立夏庆神社，成立于道光六年（1826 年），成员十位，社友分为三班，每年轮值祭祀，三年轮流一周。该社置买祭田，其租金用于祭祀和办理酒席。这个会社延续了一百余年，账簿记事讫于 1930 年，这是红军进入四保的年份，不久红军离开，因而庆神社可能一直存续到 20 世纪 50 年代初。㉞

"文化大革命"结束后，旧厉坛得到修复，而新厉坛也不时得到修建，最近，厉坛甚至有复兴之势。当地老人告诉笔者，修建厉坛、祭祀孤魂，类似于做善事，是会得到福报的。这表明，四保民众并未把孤魂简单视为需要抚慰的超自然主体，它们还有可能给祭祀者带来福报。

需要提醒的是，社、厉的分割过程，不只是社区意识的兴起过程和社区认同的建构过程，在此过程中，原有的社坛、厉坛不一定是被动的分割对象。郑振满对明初以降莆田江口平原里社制度与神庙系统的研究揭示，明初的里社坛制度，为明中叶开始的当地神庙系统的发展，提供了一个秩序建构的出发点。在社坛分割的过程中，在原有的社(当地称作"祖社")与新兴的社之间，在有社的村落与无社的村落之间，并未形成各自独立、相对平等的关系，而是维持着某种阶序秩序。㉟郑振满的研究提醒我们，各地社、厉的分割过程，可能比我们预想的更为复杂。尽管明初建立的两坛制度最终走向衰微，但这一制度建立的秩序，以某种方式保存下来，制约和影响着后来的神庙系统与社区关系的发展。

综上所述，在社、厉的分割过程中，原属一里共有的里社坛和乡厉坛，被不同的村落或宗族及其支派分割，或由某一社团出资自立，演变为不少村落或角落层面的社坛和厉坛。这一过程与"分香"过程不无相似之处。㊱不过与分香不同的是，分割后的社坛和厉坛，不一定跟原本的里社坛与乡厉坛形成了层级关系，新建的社坛、厉坛无须定期前往根基神坛更新其灵力。从社会进程的角度看，社祭、厉祭的分割过程，是明清时期以里社坛、乡厉坛祭祀为媒介形成的里甲祭祀体系的崩溃过程，也是村落组织、聚居宗族乃至乡村会社等社会群体自我意识的兴起过程。在此过程中，社坛、厉坛及其各种变异形态，成为地域社会群体的象征性表达；同时，社坛、厉坛从大一统的王朝进行乡村统治的缩影，转变而为乡村表达自我意识的重要表征。

二、两坛制度与礼下庶人

有关礼下庶人的展开，前人已提出了若干重要看法。从礼制史的角度看，为庶人制礼发端于唐《开元礼》，后来的《政和五礼新仪》《明集礼》等朝廷编纂的礼书都继承了这一做法，并且拓宽了制礼的范围。从思想史的角度看，宋代新儒学兴起后，把庶人纳入礼仪实践之中，以此为教化民众的重要契机，成为相当流行的一种看法。至王学兴起后，一些士大夫更是格外看重对民众的教化，视之为在民众中间建立礼制秩序的主要路径。就明代而言，社会史学者尤其强调嘉靖年间"大礼议"对礼下庶人过程的推动。㊲而对里社坛、乡厉坛在其中扮演的角色，则较为忽视，因而笔者认为有必要在此进行探讨。

前面笔者从制度本身出发，从空间、时间与仪注三个方面，对里社坛、乡厉坛制度与乡村社会之间的关系进行了推断。这是在没有直接证据的情况下，根据制度本身的特点所作的推断。作出这样的推断，并非毫无理由。事实上，越来越多的证据揭示，尽管里社坛、乡厉坛维续的时间，可能只有数十年至一两百年（少数地方可能长达三四百年），但是它们给一些地区带来的影响，直至今日还有迹可循。不少乡村保存了社坛、厉坛的建置，就是实物证据。而在一些地区的民间文献当中发现的相关史料，则为此提供了文献证据。

笔者在旧汀州地区从事田野调查期间，就曾在当地一些村落发现不少举行社祭、厉祭的相关文字。在汀州四保地区，笔者收集到近50种礼仪手册，这些当地称作"祭文本"的手册，收录了祭祀不同超自然主体的祭文，其中就有社坛、厉坛祭文。据笔者对3本祭文本收录情况的统计，在近200篇神明祭文中，社公祭文达25篇(含土地神在内)，其数量仅次于关帝祭文，位列第二；厉坛祭文较少，共有3篇。下面来考察一下这些祭文的类型与内容。⑧

先看社稷(或社公)祭文。社稷祭文分为不同种类，有春秋社祭文，如以下两篇来自四保上保村的祭文：

【春祭社文】恭维神灵显赫，坐镇一方。有求必应，凡祷皆祥。一切凶恶，斩去绝亡。爰集弟子，感恩不忘。兹逢春日，牲醴是将。护佑我辈，吉而且康。士农工贾，富贵荣昌。尚飨。

【秋祭社公文】恭维尊神，坐镇一方。素叨庇佑，汪泽汪（祥）［洋］。有求必应，凡祷皆祥。一切凶恶，斩去绝亡。爰集弟子，感恩不忘。兹逢秋日，牲醴用将。护佑我辈，吉而且康。士农工商，富贵荣昌。尚飨。

从标题至内容，均可看出祭文用于春社、秋社祭祀。另有《邀集社会文》，是为了邀请亲友组建社会（社祭会社）而使用的祭文，祭文内容与上述两篇大同小异，只是添入"捐赀存尝，递年祭祀"等文字。此外是在其他仪式场合使用的祭文，如《祭社坛除瘟疫保人口六畜文》：

恭惟尊神，坐镇一方。叨庇护佑，受福无疆。兹恐瘟疫入其境内，惟赖神力驰逐他乡。疫病既沾，藉神护庇，渐以安康。众姓咸集，沐神之光。伏祈大赐显赫，妖魔灭亡。敬陈牲醴，三献式将。神其鉴此，来格来尝。尚飨。

这个祭文共有三篇，均是在瘟疫入境时使用的，大意是请求社神驱逐瘟疫，庇佑沾染瘟疫的病人。祭文本还收录了一篇《安龙祭社神文》：

恭维尊神，坐镇一方。素叨护佑，汪泽汪（祥）[洋]。有求必应，凡祷皆祥。爰鸠合族，牲醴是将。伏祈默佑，锡厥安康。穀我士女，受福无疆。尚享。[39]

仅仅从祭文判断，很难了解这篇祭文是何种场合使用的，但是题目注明，祭文用于安龙仪式。来自四保雾阁村的一篇《求雨文》，列举了风云雷雨尊神、五方行雨龙王尊神、本府城隍威灵公尊神、本县城隍显佑伯尊神和本乡福主社稷尊神、福德正神，应该均为祈雨时所请的神明。从这本雾阁祭文本还可看到，该村驱逐蚀后龙山松树虫、驱逐瘟疫之时，也会迎请社神，请看下面的《祷神驱蚀后龙山松树虫文》：

> 尊神帡幪合族，保障一乡。素沾惠泽，锡福无疆。兹者虫蚀环乡古木，大伤合族祠堂。△等目击心恻，欲治无方。爰鸠族姓，敬荐馨香。祈神驱逐，毋俾遗殃。护卫乔木，柕生枯杨。殁存叨荫，功德无量。谨祷。⑩

从这本祭文本看，瘟疫流行和害虫肆虐之时，村民会到本村的天后宫、关帝庙、社坛等处祷告，祈求神灵的帮助。这些祭文涉及的乡村仪式的诸多面向，折射出了社神扎根乡村的深度和广度。

再来看厉坛祭文的情况。笔者收集的四保马屋的一本祭文本中，收录了两篇《祭厉坛文》，为讨论的方便，兹录文如次：

同天覆载之中，尽在阴阳之内，凡有血气者，皆以诚而可格。矧兹煢蒿悽怆，岂有感而不通？惟众灵生前，或膏粱自奉，或藜藿是充。虽所遭之贫富不同，乃有资乎饮食则一。无何一旦云亡，千秋莫祀。以妥以侑，常深意外之思；载饥（此处疑逸"载渴"二字——引者），时切无涯之痛。百神祀皆有常，既不得以无功而享；祖宗祭各有主，又不能以非类而歆。嗟尔何辜，实堪悼叹。观王司徒之无嗣，虽亦有故；睹邓伯道之失祀，岂真无良？今建坛此地，俾尔常栖。陈牲以时，永无废祀。兹届中元佳节，△等虔备菲仪。无论同宗异姓，近故远亡，是男是女，或寿或殇。咸冀鉴我几筵，必既醉而既饱；咸（此处疑为感字——引者）兹忧愁，悉来格以来尝。释尔愁怀，荡荡乎嬉游于九泉之地；消尔戾气，油油然相安于无事之天。从此民康物阜，时和年丰。惟神有赖，猗欤休哉。

时维七月，节届中元，尔等众灵，同禀天地之精，何在失祀之列？乃数值其穷顿殊，何(?)以富人之目亦势遭其窘，难免哀此茕独之思。伤心哉！远亡耶？近故耶？老死耶？幼殇耶？谁怜此焄蒿凄怆之惨？富户耶？贫人耶？男魂耶？女魄耶？孰念兹荒郊寂寞之悲？既虚禋祀于前，忍令馁饥于后？幽明纵云隔绝，饮食何别殁存？△等悯众灵之憾事，爰纠群信之慈心，建立坛壝，克兴肆祀。荐兹酒醴，陈厥牲牷。伏祈鉴我几筵，必即醉而既饱；集斯坛墠，亦式歆而式尝。一体领飨，无论同宗异姓；大康禋祀，不分本境他乡。毋曰无亲，祭之者即其亲；毋曰无戚，祭之者即其戚。坦荡是安，毋潜为忿憾而贻殃乡曲；优游各适，勿自怨恫而肆虐民人。从兹时庆丰亨，人跻仁寿。千秋仰赖，万载馨香。猗欤休哉，伏惟尚享。[41]

　　细读两篇祭文，可知它们均为中元祭厉而作。祭文前半部分列举了无主孤魂经受的种种苦痛，后半部分基本上属劝导之词，先是邀请无主孤魂前来领受供奉，再则劝导其在阴间安息，不要出来祸害民众，同时请求它们护佑庄稼丰收，庇护民人健康长寿。这些言辞表达出来的对厉的想象，与社坛祭文中对社稷的想象，还是有相当大的差别的。在社稷祭文中，更多是在常规、非常规的危机时期，祈求社神的庇护；而厉坛祭文安抚的口气更重，对庇护的祈求只是一笔带过。

　　笔者在徽州考察过程中，也收集到当地的若干礼仪手册，当地称之为"杂抄"。这些文本也收录了若干社公、孤魂祭文，兹各录一篇如次：

开光社公、土地二神

伏以节过下元，曾蒙水官解厄；诚抒上界，恰迎土德降神。仰气象之维新，爰抒蚁悃；冀威灵之胜旧，用迓鸿慈。窃惟社稷明公，久安祠内；亦越土地尊像，近奉邨头。托守栖迟，偕祖宗而施庇荫；临河坐镇，绕沱浙以沛恩膏。凡我同寅，共荷调风顺雨；维比上甲，咸游化日光天。但世远年湮，不无蒙尘之患；而星移物换，每兴除垢之思。屈指十年，从头一绘。涤尘施彩，睹面貌之水生；明目达聪，挹仪容而若活。恰此岭舒梅馥，大地阳回；欣兹目点珠光，小民照彻。伏愿声灵大显，媲枌榆松柏以流芳；赫濯宏昭，偕人民政事而为宝。消愆尤于既往，降福履于将来。老安少怀，人人清吉。名成利就，事事安和。念今日去故取新，企神有感；祈(?)他年安人阜物，惠我无疆。谨疏。

祭孤魂疏

时届隆冬，万汇皆思挟纩；序临晚岁，九幽亦恐啼饥。人鬼同情，幽明一理。仰惟佛教，存心本以慈悲；忝在人伦，用意尤宜博济。弟子△△△等族序三溪，先灵固多享祀，数难一例，后嗣难免式微。况或他乡旅食，思归亲以无期；或异代年湮，欲问名而莫考；或子孙远播，碑残北郭之邙；或继嗣孤恩(?)，狐踞南山之冢。更有鳏夫老死，短命夭殂，孤儿失育，寡妇无依；或舍天年而陨命，或因饥□(馑?)以捐躯；或始祭有人，而年多渐失；或亲房标柏，而薄莫常空；一埋黄土，永吸清风。此皆孤魂之可悯者。人孰无情，鬼□求食，爰□众志，□广仰仁。敬攀○○鹫岭祇园为主施，并请土地、山神为接引，愿捐冥锱，凡在墓所、厝所以偕来，旋艺(?)冥衣，无论故鬼新鬼而共领；施无偏厚，纵弱讵可侵凌？岁有常期，非时弗能为厉。惟愿馁而不叹，合境无莫敖之伤，泣亦何嗟？求后免臧孙之清。神亦欢而人亦寿，终年作祟无闲，绝者继而灭者兴，到处乐郊可适，用干止听，恳普通知以进。谨疏。�42

　　第一篇祭文是在举行社公、土地开光时使用的，而第二篇是在冬季祭祀孤魂时使用的。祭文的叙事结构与四保祭文相似。对这两篇祭文，下文还将论及。

　　我们知道，徽州的社神供奉于社庙，那么无祀鬼神呢？根据笔者收集的田野材料和其他学者的研究，徽州乡间也有类似厉坛的神坛，当地通常称之为"孤坟总祭"。笔者考察的重点是婺源北部的沱川乡，在这一范围不大的地域内，笔者在理坑、篁村、塘窟、查木坑等村都发现了孤坟总祭碑，说明这种碑铭在当地较为常见。据村民相告，这些碑正是当地祭祀无主孤魂之处。沱川一带的孤坟总祭碑，多立于清代、民国时期。村民

婺源县玉坦村的社公、社母（刘永华摄）

说，过去几乎村村都有。有学者在徽州曾收集到不少类似的碑刻。根据其研究可知，婺源将无祀鬼魂祭祀统称为孤坟总祭的做法，在徽州其他地区也较为常见。此外这种碑刻还有"孤殇总祭""孤坟总汇""普祭孤墓""泽枯处""白骨处"等名目，它们通常立于山岭道路旁或水口等处，民众通常是在中元节在此举行孤魂祭祀。目前祁门大洪岭、松潭、休宁瑶里、绩溪余川村等处均发现了此类碑刻，说明立碑祭厉是整个徽州各县通行的做法。㊸

从各地方志、民间文献等史料看来，一些地区的社坛废弃不用之后，社祭融入当地民俗，成为年节行事的基本构成部分。此类记载不胜枚举，兹举数例为证。明代中叶的福建兴化府，"各社会首于月半前后，集众作祈年醮及舁社主绕境，鼓乐导前，张灯照路，无一家不到者。莆水南独方氏、徐氏、邱氏筑坛为社，春秋致祭，不逐里巷（遨）嬉，其礼可取"㊹。同期福建建宁府，"每岁春、秋社日，具鸡、豚、酒食，以祀土谷之神，已乃会宴，尽欢而退"㊺。明后期福建清流县，"二月社日，少长集里社坛，赛神祈年，会宴散胙"㊻。《清俗纪闻》反映的是清中叶中国东南尤其是江浙一带的民俗，书中在年节行事部分，介绍了土地神生日、清明祀孤、中元祀孤、十月朝等与社祭、厉祭有关的节日活动。土地神生日是二月初二，其实是民间的春社日，此日"家家以香烛、供物上供。也有去神庙参拜者。庙前高搭戏台做戏"。清明前后，举行祀孤活动：

清明期间，各州县均奉敕命将该地城隍庙中之神像用轿请出。……

前用鸣锣开道，其后有行牌两对、旗数面、凉伞一杆及銮架数根(……)。在轿后吹奏鼓乐。由各司职人员送至郊外墓地，将神像请到为祀孤而建造之庙坛中，置于椅上(如无庙坛则搭盖草棚，祭祀后拆除)。

十月朝是十月初一的俗称，此日"在城隍庙中有祀孤之祭"。该书编者还补充说，"清明、中元、十月朔此三日称为鬼节，祭祀亡灵"⑰。晚清笔记《墨余录》一书，记载了19世纪上海县举行厉坛祭祀的习俗：

我邑向建坛于北门外，每逢清明及七月望、十月朔，迎城隍神至坛赈济孤魂，谓之三巡会，其随从仪仗颇盛，观者咸集。邑人捐助冥锭，堆积如山，即于坛所焚化。晚始迎神回庙。自通泰西诸洋商，地租西人，毁坛起屋，名其处曰一里街。……今坛设南门外，神赴坛即回，其仪仗亦非复旧时之盛云。⑱

尽管五口通商之后，上海县的厉坛祭祀逐渐衰落，但在江南地区，19世纪的厉坛祭祀活动，规模之盛，俨然成为年度的一大节日，据19世纪后期一位观察者的描述：

国家祀典定制，各省州县皆设坛于北门之外，名之曰厉坛，于每年清明日谓之上元、七月望谓之中元、十月朔谓之下元，设城隍神位于厉坛以祀之，列于群祀，谓之厉祭，并祀各城乡无嗣之鬼于其侧，盖取诸《礼》之《祭法》"王为群姓立七祀，中有泰厉；诸侯为国立五祀，中有公厉；大夫立三祀，中有族厉"之义，如此而已。自象教流入中国，而后踵事增华，城隍神位改为塑像。凡各州县每年遇此三日，而州县衙署之吏役人等，迎城隍神像安置于厉坛，请本官往祀之，虽少变旧制，然犹行古义也。惟七月中元，又杂之以佛教之说，须设盂兰盆会赈济无祀孤幽，与历年狱毙之鬼。遂于是日搭台于头门之外，照壁之前，先期札令僧纲司预选僧众，是夕诵《焰口经》于台上，施食焚冥镪于台前，早已相沿习为故事，反似亦为国家之定制矣。此风各省有之，惟江浙为尤甚。第费不在官而在民，官则每年留支祭厉银两，所用无几，而民于中元一月之内，其耗费总在万金以外。犹忆道光年间侨寓吴门，届此三日，而各神之赴山塘享厉祭者，竟有七十余位之多，询之，皆系曾经署过城隍、土地者，如吴泰伯、伍子胥、春申君、唐柳毅诸人皆在其中，果何从而得知乎？实足见吴人之信鬼神不

惜赀财以奉之矣。^㊾

19 世纪江浙一带的厉坛祭祀，尤其是中元一祭，规模盛大，苏州举行厉祭时，光是参与祭祀的地方神明，就达 70 余位，这些神明因为据传在阴间曾署城隍、土地之职，因而一同参与祭祀。祭祀之时，还请僧众诵经施食，相沿为习。

在旧日徽州乡间，每年例行举行春秋二社。据笔者收集的婺源县晚清程氏排日账，做社是婺源乡民的年节习俗，排日账中常常会在二月、八月事项下，列出社日的日期。同时，这个文本还提到做社的其他信息，从中可窥见徽州普通农户参与社祭的详情。光绪十一年（1885 年）二月初八日程氏记，"父亲做社会当头做"^㊿。光绪十八年（1892 年）二月十九日记，"社会敬敷做头"。光绪十九年（1893 年）二月初五日记，"己做社，代柜谷价乙角陆分，办会酒米六筒，亥乙斤，付干十块，酒乙壶"。同年八月初九日记，"己做头秋社会"。光绪二十二年（1896年）二月初三日记，"己做社。支钱十乙文买亥油乙两。亥斤半，计钱200文市钱。付干卅文。米六筒，计钱六十文"。同年八月十七日记，"（己）充首做社，支钱十三文，水酒、付干；又炮八文"。[51]光绪二十六年（1900年）二月廿六日记，"己在家做社，支钱二百买亥乙斤乙两，又对焕美兄来伏干卅文，又水酒乙（乎）[壶]，情内板来又米七筒。"。同年八月廿九日记，"己早晨做社首"。[52]光绪二十七年（1901年）二月初二日记，"己在家吃社会，中兄做首"。次日记，"己支钱二百文上社会利，下欠陆员四角"。[53]上述史料说明，婺源一带举办社祭，通常称作"做社"，而做社期间的聚会，称作"社会"。做社不是各家各户单独举行的，而是同族族人共同操办，这与明代茗洲吴氏做社的做法是一样的。做社有人牵头，牵头之人称作"会首"，其职能应类似于茗洲的社渠首。做头以年为周期，轮值的会首负责同年二月、八月的社事。在排日账中，没有提及社祭，这并不等于此事不重要，或是没有举行，而是它已成为约定俗成的事务，无须多费笔墨书写。这个文本信息较多的，是做社时的酒席，上述光绪十九年、二十二年、二十六年均有相关酒席的或详或略的记录。最后，社应有自身的基金，作为做社的基本经费。从程氏排日账推断，程家参与的社会，并没有购置田产或山场，而是拥有一笔流动资金，平日借贷给村民，社会主要通过收取利息作为祭社经费。需要补充的是，这批乡民所记排日账，并未提及祭祀厉坛或孤坟总祭事项，估计记账的乡民所在的村落，并无厉坛或孤坟总祭的建置。

在汀州一些乡村，以社坛为中心，衍生出一套道教科仪。在长汀县河田镇的沈屋村，历史上就形成了每年举行社公醮的做法。沈屋分为内、外两个自然村，为沈姓单姓村。社公醮，全称是"庆贺社公福主鸿灯礼忏"，当地又称"做社公醮"或"做福主公王醮"，是这个村落每年最重要的三次迎神赛会活动之一。社公醮于每年十月吉日举行，打醮地点设于沈氏宗祠，请附近村庄的闾山法师前来做三日一宵的法事。第一天的科仪包括装坛、开坛、祈社、安神、请神、下马、和神、发神；次日则有开更、早朝、诵经、午朝、发牒、晚朝、跳海清和安神科仪；第三天除重复第二天的开更、早朝、午朝和晚朝外，尚有申状、鸿灯礼忏、宴兵、行罡、祭将、断后、送神等科仪；最后一天仅有于清早举行的谢社科仪。在醮仪第一天举行的祈社科仪中，法师与福首等前往村中社公庙（内外村各有一间）燃香告庙，启请社公等莅临醮场，事毕回坛场安设社公等神之神位。鸿灯礼忏是社公醮最重要的仪式之一，社公是这个仪式的主角，由两位法师在两间社公庙同时举行。举行仪式前，在社公庙安排好坛场。在庙门额上张贴花联（写有道教神明名讳的对联）和门联，庙前排好以桃木和色纸印制的符。正对庙门摆放桌子一张，桌上安设社令神位。这个仪式分为请龙、散福、拜忏、敕符和出煞等项内容。仪式开始时，先祈请五方龙神到位。然后由主持人代表神明向在场福首、信众等播撒福种。散福之后，主坛法师依科诵读《社公忏》，并念净心等咒。敕符是将事先制作的五方把隘符、耕牛护身符、保安符、丰熟符和保六畜符变为灵物。最后的出煞是驱除煞气。�554整个社公醮仪式所涉神明甚为复杂，但社公在一些科仪中（如祈社、鸿灯礼忏）的角色是比较明显的，在鸿灯礼忏中表演的散福、敕符等内容，均与社神的职司有密切的关系。

一些乡村没有修建厉坛或类似坛场，但这并不意味着乡民放弃了对厉（无主孤魂）的祭祀。在笔者从沱川理坑村收集的一本杂抄中，跟孤魂的赈济有关的疏文，总共不下二十篇，显示了明清时期乡民对安置无主孤魂的关切。在他们眼中，能否妥善安置这些无主孤魂，关系到他们自身和家人的生活能否平安。事实上，在乡间举行的一些重要仪式中，对无主孤魂的安抚，是其中最基

婺源县沱川乡篁村孤魂总祭(民国三十一年立，刘永华摄)

本的要素之一。在汀州乡间举行的打醮仪式中，通常都有施孤的科仪。事实上，在打醮开始时，道士就会发表《孤榜》，其意即在告知远近的无主孤魂前来领受施舍，下面就是一篇《孤榜》的活套：

灵宝大法司给出榜文

　　本司今为奉　道△事△斋主△△△等，涓取△月△日修陈△醮一筵，低迓兹颜，大作彰盟，启道八宝，放大(豪)[毫]光，照开冥路，引领下界三塗五苦有灵无祀男女由子孤魂等众，来赴解席，受沾食欢歆，充盈饱满，超往生方之路，上登逍遥之天，莫亡醮姓之恩，冀报啣环之德。须至榜者。右榜晓谕　鬼类通知。入年号。具给　变食法官 陈为判度。

　　玉京山上蕉面鬼王 证盟。榜行。⑮

　　施孤通常在打醮结束前举行，是个表演性很强的赈济孤魂的科仪。举行施孤科仪的地方，多半选在水口附近的空旷之地(打醮的其他科仪通常是在村内的祠堂或神庙内举行的)，由一位道士装扮成小鬼前来领受布施，他和负责布施的道士对谈，说着粗俗的话，最后在填饱肚子后心满意足地离开。在这一科仪中，仪式专家通过形象、鲜活的即兴表演，操演了赈济孤魂的过程。

根据蔡志祥的研究，香港新界地区的打醮仪式中，有当地称之为"祭小幽"和"祭大幽"的科仪，两者均以赈济孤魂为主题（祭幽就是祭祀无主孤魂的意思）。两者的规模不同。祭小幽是小规模的祭幽活动，祭大幽时通常化衣七百二十份，而祭小幽则化衣三十六份。其法事通常由一名喃呒佬（当地对法师的称呼）承担，不过有个例外。祭小幽在乡民口中又叫卖杂货或讲鬼古，因为中间涉及地府夜市买卖的笑话。新界一些地方祭小幽时，有两名喃呒佬坐在高台上，乡民则环台而坐，细听喃呒佬讲鬼古。这一环节有点类似于汀州的施孤。祭小幽主要是一个分衣施食的仪式，而祭大幽有超渡的作用。祭大幽是向幽鬼分衣施食、超渡放生的善行。祭大幽的场地一般不在醮棚内。在仪式进行前，会将鬼王（大士王）抬到祭幽台前，俗称"大士出巡"。举行祭大幽时，每户都要到祭幽场化衣，据称所有幽魂野鬼也都来到场上接受蒙山施食和超渡。⑤

最后，仔细比对《洪武礼制》所载祭文与民间礼仪手册所抄祭文的内容，两者之间的差异颇值得注意。《洪武礼制》的《祭乡厉文》，上文已作仔细解读。笔者谈到，这个祭文大致有三个部分，第一部分强调人间与阴间之等第秩序，第二部分从因各种缘故横死的孤魂，谈到厉坛的建立及相关制度，而第三部分则重在利用福善祸淫的因果报应说，强化对民众的意识形态控制。相比之下，我们在汀州和徽州等地收集的祭厉（或曰施孤）祭文，并无对应于《洪武礼制》第一部分的文字；第二部分在民间祭文中是存在的，但要简略得多；民间祭文中第三部分的篇幅也大为压缩，而且没有了"神道设教"的意味，其核心意图是安抚孤魂，祈求其消灾降福、庇护祭祀的百姓，根本没有触及对为非之人的惩处。与此相似，在乡间举行社祭、推举会首时，并不讲究朝廷强调的那套礼制秩序，而是代之以民间的一套做法。在汀州四保，主祭是由"福寿双全"之人担任的，他们除了年龄大，通常还有完整的三至四代的家庭。民众认为，只有此类人才能给社区添福，这与朝廷礼制讲究的礼制秩序差距颇大。这显示，民间虽然吸纳了社稷坛和厉坛的祭祀仪式，但并未简单接受朝廷礼制背后的礼制秩序及相关意识形态，而是从自身的意识对仪式进行了改造。这种仪式与观念之间的差距，正是华琛（James L. Watson）提请中国宗教研究者特别加以注意的一个面向。⑰

三、民间传说所见的社神

对里社坛、乡厉坛制度与乡村社会之间关系的讨论，不仅需要谈到两坛制度与乡村社会过程之间的关系，以及两坛祭祀如何影响乡村仪式，还需触及乡民对两坛祭祀的超自然对象的表述。在本书的最后，笔者想要从汀州流传的民间传说出发，讨论这些传说中的社神（社公）形象。

在四保田野调查过程中，笔者收集到几个有关社公的传说。这些传说在结构上与流传于汀州长汀、清流、武平和永定等地的若干社公传说颇为相似。这类传说的主旨，都在解释社公祭祀为何被土神所取代，不再得到村民祭祀，大致属于同一母题的传说类型。这些传说显示了汀州民众眼中的社公形象，为理解官方宗教、道教与地方宗教之间的复杂关系打开了一扇窗户，也为理解朝廷尊崇的一个核心象征在乡村的遭遇提供了引人注意的线索。不过为了诠释这些传说，我们需要求助于民俗学的形态分析法（morphological analysis），集中讨论其叙事结构和核心要素。㉘

笔者收集的社公传说共有九个，其中五个在四保或四保附近流传，其余四个流传于汀州其他地区。我们从四保长校流传的李公斗社公传说谈起。据说过去长校有个吃人的社公，神坛就在村边小河旁，他要求村民每年奉献一对童男童女。某年，轮到李公献祭，李公仅有一对儿女，不愿将他们献给社公。他到处求神拜佛，祈求得到神明的庇佑。某日，他在河边小桥上遇见一位白须老人，老人听完他的遭遇后，告诉他只要有决心，便有解决办法。他掏出一颗珠子，吹口气，珠子变成云，带着李公飞到一个悬崖边的庙宇。老人摇身变成一个高大的法师，告诉李公此处是茅山法厅，要他每天面对石头练功，当石头被打出洞时，他就可以回去斗社公了。李公天天发奋苦练，终于大功告成。他告别师傅回家，刚到村口，就听到放铳声，预示献祭马上就要开始了。他赶到小河边，一脚将社公踢进河里。社公顺着河往下漂，大喊救命，人们都不肯救他。最后，当他漂到田口村时，一位木匠救了他，条件是社公只能向村民索取一个木刻的鱼作为供品。㊟

　　这个传说不仅通过口头流传，也见于文献记载。

《长校李氏族谱》收录了一篇题为《伍郎祖除妖灵异记》的文字，是这个传说最完整的书面版本：

粤稽祖出自唐太尉中书令西平忠武王苗裔，所繇来远矣。缘先世避黄巢之乱，迁徙不一。公达观风土，于宋元祐三年由宁化会同里下坪盘固山，复迁于清流长校。斯时也，斯地也，林树蓊郁，风景未开。公乃于校溪之西而暂寓焉。旧名李家峤，即今禾上寮是也。……乃溪之傍有社，相传石塔前是其所，岁祀定规，以亲子女祭之，且必择其尤丽，否则祸随及，而诸姓罔敢违。轮当祖为首祀，辄自揣曰：予只有一子一女，若以乡人不经之祭，漫无测识，坐致之死，随俗得矣，其如宗祀何？又如骨肉之情何？辗转以思。一日，于空头石岭遇一黄发之叟，告之曰：夫社也者，掌五土，育五谷，职以生民为务，何尝以养人者害人？此必妖假社之名以需食耳。我付子一册，子其图之。于是，执投巫毁淫之理，以除社所之木石座址焉。自是而后，载耕载凿，惟祀保护之神，嘱后人允不祀社。⑥⓪

这篇文字题为"古临散人撰"，此人身份不可考。在此文之后，族谱又收录了"云孙承周于德氏"所撰《灵异记》一文，解释伍郎除妖社并非荒诞不经之事，撰于万历辛丑(1601年)仲秋月。据此，则上引传说的形成最晚不晚于明后期。

在离四保不远的长汀庵杰地方，劳格文（John Lagerwey）听到一个类似的"李公斗社公"传说。这个传说的主角也叫李公，不过无法确定他是否是长校的李公。同样，庵杰的社公也要求村民每年供奉一对童男童女，如若不从，他就会散布瘟疫。李公到梨山跟随梨山老母学法，最后把社公赶跑了。⑥①

第三个传说来自清流县长校镇东山村（在四保地

区）。传说的主角是东山萧氏的一位先祖萧必达。在前往汀州城的路上，萧必达和亲戚发现一座大山，山门开着。萧必达好奇，走近山门，突然被吸入山中。三年后，萧必达回到家中，告诉妻子说，这三年他一直在茅山学法，已掌握了上天入地的本事。萧必达的故事迅速在村中传开，连村中的社公也听说了。五月初五，萧必达到田里干农活，社公变成一条大蛇，挡住他的去路。必达掐指一算，知道它是社公变的。他早就听说过这个"吃人精"，决定杀死它。经过一番搏斗，他用五雷法杀死了社公。萧必达死后，村民把他埋在社坛下。⑥

第四个传说流传于长汀县四都。传说的主角陈麻哩是四都陈氏的始祖，据说他神通广大，能以符役鬼神。⑥跟李公传说相似，四都出了一个社公，要求村民每年供奉一对童男童女，否则将祸害村民。当时陈麻哩还在骊山学法。学成回村后，他了解到社公祸害村民的情况，非常愤怒。于是他骑着土马，和徒弟一同来到社公坛。

斗法之前，他让徒弟将他的赶山鞭放到水里浸泡，并吩咐说要浸泡三个时辰。听到这句话后，社公摇身变为一位老人，挡在陈麻哩的徒弟路前，邀他一起下盘棋。于是他们下了三个时辰棋。突然，陈麻哩的徒弟听到师父的呼唤。在师父的命令下，他一鞭赶跑了社公。⑥此后，四都村民就不再供奉社公了。

最后一个传说是在长汀涂坊收集的。涂氏始祖涂能十从江西迁居长汀，村中住着一位社公。每年，村民都要向他供奉一对童男童女。涂能十和兄弟迁居涂坊后，轮到涂氏和赖氏出一对童男童女。他们决定赶走社公，于是他们来到三佛祖师面前许愿：如果祖师保佑他们，让他们学习法术，他们就会还以"千年故事，万年花灯"。⑥然后，他们出村找师父学法。走了一日一夜，他们遇见一位老人。老人请他们帮他吸出背上的脓，他们依言吸出脓。老人又要他们跟着他的鸭子走，鸭子会在前面带路，并给他们一根竹鞭和一个鸡蛋，然后交代说："如果小鸡从蛋里孵化后，要用竹鞭抽它。"涂公和赖公跟着鸭子一直走，突然他们发现已回到村中。他们用竹鞭赶跑了社公。这是涂坊为何没有社公的原因。⑥⑥

这类传说并不限于四保周围，类似的传说还流传于汀州其他地区，不过故事稍有变异。武平北部湘湖流传一个传说，社公被黑狗公王替代。跟其他传说相似的是，他也要求人祭，不过只向村民要一个童男或童女。为了保护自己的家免遭灭顶之灾，村中的刘千八郎前往闾山学法。学成回村后，他最终打败了黑狗公王，把他赶出村。⑥⑦这位黑狗公王也出现于武平北部中湍的一个传说中。⑥⑧

在宁化泉上的一个传说中，社公要求每年供奉一份小祭品，三年供奉一份大祭品。小祭品包括猪、羊、酒等，而大祭品是指一对童男童女。这个传说的主角是谢朝安，他是一名普通村民，曾和朋友一同学法（不过传说没有交代学法的地点和法术名目）。他的法器是一本法术书和一条鞭。斗法后，他最终抓住了社公，社公可以继续留在村中，不过不能继续索取动物和人祭。[69]

永定金沙的一个传说讲述道，社公要求人祭。一位姓邱的村民变卖家产，决定学习九鲤仙法。[70]他从潮州一路走到广州，终于找到了九鲤仙。九鲤仙给他一把剑、一方印和一条鞭，并告诉他社公实际上是"五狗妖"。回村后，他用这些法器打死了五狗妖中的四妖，只允许最后一只妖活下来，此后这只妖每年只能得到一壶酒、一对鸡蛋、一盘鱼虾和一串纸钱。[71]

这些传说颇多相似之处。它们都讲述了邪恶的社公或其变体——公王——的故事。社公索取人祭，不然将祸害村民。在三个案例中，社公是妖怪的化身。社公的敌手，通常是掌握了某种法术的法师。他们多为始祖(长校、涂坊、四都和湘湖的传说)，要不就是先祖(东山传说)。在传说的最后，这些始祖或先祖杀死并取代了本村社公(东山传说)，或允许它留下来但必须接受村民提出的条件(泉上、金沙的传说)，或将社公赶出村子(其他三个传说)。概言之，这些传说的基本情节是某位法师用法术打败社公(有时是妖怪化身)，其基本结构大体上都包含了三个基本情节：(Ⅰ)吃人的社公，(Ⅱ)学法，(Ⅲ)驱除社公。有的版本还叙述了社公的归宿(情节Ⅳ)(参见表4-2)。

表4-2 法师斗社公传说各版本比较表

版本号	流行地区	结构	主角名	学法地点/师傅	法术名	法器名
A	清流长校	Ⅰ→Ⅱ→Ⅲ	李公	—	—	—
A′	同上	Ⅰ→Ⅱ→Ⅲ→Ⅳ	同上	茅山	—	—
B	清流东山	Ⅱ→Ⅰ→Ⅲ	萧必达	茅山	五雷法	—
C	长汀涂坊	Ⅰ→Ⅱ→Ⅲ	涂、赖公	骊山	—	—
C′	同上	Ⅰ→Ⅱ→Ⅲ→Ⅳ	同上	闾山	赶鬼	竹鞭
D	长汀庵杰	Ⅰ→Ⅱ→Ⅲ→Ⅳ	李公	梨山老母	—	镇妖鞭
E	长汀四都	Ⅰ→Ⅱ→Ⅲ	陈麻哩	骊山	—	赶山鞭
F	永定金沙	Ⅰ→Ⅱ→Ⅲ→Ⅳ	丘某	九鲤仙	—	剑、印与鞭

版本号	流行地区	结构	主角名	学法地点/师傅	法术名	法器名
G	武平湘湖	Ⅰ→Ⅱ→Ⅲ→Ⅳ	刘千八郎	闾山	—	—
H	武平永平	Ⅳ	—	—	—	—
Ⅰ	武平中湍	Ⅳ	—	—	—	—
注：Ⅰ=吃人的社公；Ⅱ=学法；Ⅲ=驱除社公；Ⅳ=社公的归宿。						

在笔者的一篇文章中，对这类斗法传说进行了讨论。笔者认为，流传于四保等地的斗法故事，在叙事结构上与东南沿海地区广为流传的陈靖姑传说颇为接近。在陈靖姑故事中，取代法师与社公的主角位置的，分别是陈靖姑和蛇妖（陈靖姑不是普通的法师，而是观音的化身）。在兄长被困后，她毅然前往闾山学法，最后将蛇妖制服。因此，就结构而言，它与前述斗法传说颇为相似，基本上包括了社公斗法传说中的第Ⅰ、Ⅱ、Ⅲ情节。四保斗法故事，很可能受到了陈靖姑传说的影响。

不过，两者之间的联系还不限于此。陈靖姑是流行于东南地区的闾山法的核心神明。而斗法故事中的若干细节，从学法之处，到使用的法器、法术，乃至学习法术的法门，都将这些故事置于汀州民间道教的流传脉络当中，在斗法故事中法师与民间操演法术的法师之间建立了联系。这些斗法故事中的法师不是别的，而是12—14世纪开始活跃于中国南部地区的民间法师本身。从这个角度看，有理由认为，这些法师并非四保乡民杜撰的子虚乌有的人物，他们的法师形象及相关传说，透露出了若干历史的真实。⑫

如果说这些传说中击败社公的人物属于法师，那么如何理解他们的敌手——社公？在讨论涂坊斗法传说的基础上，劳格文认为，这个传说可能与历史上的战乱和移民有关⑬。从这一角度看，汀州南部地区流传的社公传说并不独特。它们仅仅是福建流传的同类民间叙事的一个部分。

然而，在这类传说中，为何被妖魔化、遭法师驱逐的是社公，而不是其他神明？当然，社公是一个复杂的超自然主体。对不同的人而言，社公意味着不同的东西。在我们讨论的文献中，社公可以指称官方推广的社神，也可能指代身份可疑的地方神。因此，对此进行总体讨论太过笼统，几乎没有意义。劳格文对这个神明的态度较为暧昧。他当然清楚社神跟官方宗教的联系。正如他指出的，从周代开始，社稷坛和太庙就是历代王朝最重要的宗教象征。不过在他建构的中国村落理想类型中，社公象征着地缘纽带。[74]在对涂坊传说的诠释中，他甚至认为这个神明实际上是畲民的象征表述。这一诠释似乎颇契合司马虚（Michel Strickmann）提出的理论，尽管这个理论难以证明或证伪。[75]

笔者在此想要讨论的主题，不是这类传说的历史根源，而是它们在明清汀州地区流传的社会脉络及意涵。我们很难证明这种传说传达的基本信息：道教对畲的改变和社公是畲民的象征表述。不过，我们可以去观察，明清四保士人、村民如何对这些传说作出回应。透过考察这些传说如何被讲述、被复述，可以确定在这些传说中，哪些要素发生变动，哪些没有发生变动，从而揭示士人、村民态度的某些重要面向。

我们谈到，李公传说讲述的是李公与社公如何斗法。现有证据显示，这一传说首次被写入文本，可能是在万历十七年（1589年），此年李公庙重建，长校文人写了一篇文章记述此事。这篇文章简单地提到了李公传说。[76]另一篇文字即李承周所撰《灵异记》，此文写于万历二十九年（1601年），解释了为何长校李氏不拜社公。[77]第三篇文字详细记录了李公传说，这是在16世纪80年代后期写成的。[78]

我们来看看这个传说的书面版本。这个版本最值得注意的事实是，霸占社坛的并非社公，而是一个妖怪。当李公要把一双儿女供奉给社公时，他遇见了一位"黄发之叟"，他告诉李公："夫社也者，掌五土，育五谷，职以生民为务，何尝以养人者害人？此必妖假社之名以需食耳。"在这位老人的帮助下，李公"执投巫毁淫之理，以除社所之木石座址焉"。[79]

同样，李承周也对这一问题作了解释。在《灵异记》中，他指出，长校之所以没有社坛，是因为长校的社公是一个妖怪。在他看来，李公在驱赶社公时，其实他是在仿效历史先例：西门豹投巫于江和狄仁杰（630—700年）捣毁淫祠。[80]李承周说长校是唯一没有社公的村落，这当然是不准确的。实际上，汀州各县流传的社公传说显示，长校的个案并非绝无仅有。有趣的是，涂坊和永定的传说都被记录成文，两者都提出了一样的说法：社坛住的不是社公，而是某个邪神。因此问题是，为何吃人的超自然主体必须是一个妖怪而非社公自身？联系到明代的里社坛制度，这个问题不难回答。

明清政府规定，每里必须建立里社坛和乡厉坛各一所。没有理由认为，长校村所在的清流县四保里是一个例外。考虑到长校在清流县四保里所占核心位置，这个里的里社坛很可能就建于长校村内。事实上，这个里的乡厉坛就建于长校水口。因此，当士人讲述社公传说时，他们是了解这个传说的意涵的。社公不可能吃人，因为他们代表的是朝廷——吃人的只能是妖怪。这是他们对这个传说中多少有点异端的要素作出的反应。

值得注意的是，这些传说的书面版本，都在试图为社公开脱，而口传版本则几乎没有触及社公的这个面向。这一事实从侧面体现了普通村民在不断讲述这些传说时对社公的态度。通过把社公——一个官方宗教和超自然官僚体系的重要神明——表述为一个索取人祭，并因此被赶走或杀死的神明，村民给这些传说赋予了一个暧昧的意义。是否有这样一种可能：这些表述，或更准确地说，村民对这一表述的反应，体现了他们对王朝国家充满暧昧、甚或是异端的看法——王朝国家意味着对民众的剥削，它甚至是缺乏人性的？社神的这个面向，显示了这个神明自身在明清时代发生的转型。㉛这些传说中出现的不那么正统、甚至有点颠覆性的要素，透露出朝廷规范民间信仰、士绅推广礼教的努力的限度。在这些表述中，明清王朝在乡村传播的一个核心象征——一个帝国的缩影，一个为百姓带来丰收和康宁的神明，被表述为需索无厌、嗜血成性的邪魔，这种表述曲折地表达了帝国及其代理人在帝国一隅生活的普通民众心目中的一个形象。

注　释

①　(明)叶向高《苍霞草全集》卷十五，见《四库禁毁书丛刊》，集部，124册，403～404页，北京，北京出版社，2007。

②　同上书，386页。

③　参见《明清福建里社组织的演变》的讨论，见郑振满：《乡族与国家：多元视野中的闽台传统社会》，244～245页，北京，生活·读书·新知三联书店，2009。

④　参见道光《休宁县志》卷之一《疆域》，见《中国地方志集成·安徽省府县志辑》，52册，28页。

⑤　道光《休宁县志》卷之二《营建志》，见《中国地方志集成·安徽省府县志辑》，52册，53页。

⑥ 吴子玉《休宁茗洲吴氏家记》的《社会记》，见《原国立北平图书馆甲库善本丛书》，265册，1108页，北京，国家图书馆出版社，2013。日本学者牧野巽先生最早在《明代同族的社祭记录之一例——关于〈休宁茗洲吴氏家记·社会记〉》(载1940年的《东方学报》)中介绍了这份文献，见刘森辑、译：《徽州社会经济史研究译文集》，125～140页，合肥，黄山书社，1987。

⑦ 吴子玉《休宁茗洲吴氏家记》的《社会记》，见《原国立北平图书馆甲库善本丛书》，265册，1108页，北京，国家图书馆出版社，2013。

⑧ 同上书，1115页。

⑨ 社坛碑现立于连城县马屋村后龙山。

⑩ 碑文中的"湖湘巡抚"之后的阙文，应即马屋进士马驯，他曾担任湖广巡抚。

⑪ 《济阳江氏族谱》(油印本)，卷廿七，5b页，1990。

⑫ 此碑现存于上保村内。邹七郎为上保邹氏的开基祖。

⑬ 参见"社田片"，见敦敬堂《范阳邹氏族谱》(木活字本)，卷十九，2b页，民国三十五年。

⑭ 此碑现存严屋村内，可能立于1874年。

⑮ 长校水口现有厉坛一所，不过是近年重建，旧碑无存。这个位置在长校社和仪式生活中相当重要，李公庙(供奉李氏始祖伍郎)与原乡约所均建于此处。

⑯ 《济阳江氏族谱》(油印本)，卷廿七，5b页，1990。

⑰ 从上引史料看，嘉庆七年(1802)前，江坊必已在本村设立厉坛。

⑱ 《縠城邹氏族谱》(黄石坑铅印本)，卷一，21b页，1992。

⑲ 此碑现存于黄石坑后龙山。

⑳ 此碑现存于马屋后龙山。

㉑ 两碑均立于珊坑村水口。

㉒ 此碑现存于茜坑王氏宗祠后。

㉓ 《济阳江氏族谱》(油印本)，卷廿七，5b页，1990。

㉔ 此碑现存于上保村后。

㉕　此碑现存于枧头村后。

㉖　参见吴子玉《休宁茗洲吴氏家记》的《社会记》，见《原国立北平图书馆甲库善本丛书》，265 册，1110、1115 页，北京，国家图书馆出版社，2013；日本学者牧野巽《明代同族的社祭记录之一例——关于〈休宁茗洲吴氏家记·社会记〉》，见刘淼辑、译：《徽州社会经济史研究译文集》，125～140 页，合肥，黄山书社，1987。

㉗　吴子玉《休宁茗洲吴氏家记》的《社会记》，见《原国立北平图书馆甲库善本丛书》，265 册，1110～1112 页，北京，国家图书馆出版社，2013。

㉘　吴子玉《休宁茗洲吴氏家记》的《社会记》，见《原国立北平图书馆甲库善本丛书》，265 册，1108～1111 页，北京，国家图书馆出版社，2013。

㉙　孝思堂《马氏大宗族谱》(铅印本)，五集，83 页，1993。

㉚　此碑现存于义家坊水口。

㉛　此碑现存于江坊村北。

㉜　此碑现存于云峰村水口。

㉝　此碑现存于马屋村水口。

㉞　《立夏庆神社簿》，道光六年至民国十九年写本，无页码。

㉟　参见《神庙祭典与社区发展模式——莆田江口平原的例证》，见郑振满：《乡族与国家：多元视野中的闽台传统社会》，210～237 页，北京，生活·读书·新知三联书店，2009；特别是 222～227 页的内容。

㊱　对分香的讨论，参见 Kristofer M. Schipper, "The Cult of Pao-sheng Ta-ti and Its Spreading to Taiwan: A Case Study of *Fen-hsiang*," in E. B. Vermeer, ed., *Development and Decline of Fukien Province in the 17th and 18th Centuries*, Leiden: E. J. Brill, 1990, pp. 397-416.

㊲　对上述观点的介绍和评论，请参见 Yonghua Liu, *Confucian Rituals and Chinese Villagers: Ritual Change and Social Transformation in a Southeastern Chinese Community*, 1368-1949, Leiden: Brill, 2013, pp. 4-17.

㊳　Liu, *Confucian Rituals and Chinese Villagers*, pp. 298-299.

㊴ 四保祭文本第 0410 号，5b、7a～7b、11b 页，民国初抄本。

㊵ 四保祭文本第 0104 号，无页码，光绪间抄本。

㊶ 四保祭文本第 0207 号，19b 页，民国抄本。

㊷ 杂抄，婺源县沱川乡理坑村晚清抄本，无页码。

㊸ 陈琪：《徽州的“孤坟总祭”：设立义冢碑刻，安抚孤魂野鬼》，载《徽州社会科学》，2018(8)。

㊹ 同治十年重刊、弘治十六年刻本《兴化府志》卷十五，《风俗志》，6b 页。

㊺ 弘治《八闽通志(下)》卷三《地理》“风尚”条，见《北京图书馆古籍珍本丛刊》，34 册，45～46 页，北京，书目文献出版社，1988。

㊻ 参见嘉靖《清流县志》卷之二“岁时”，见《天一阁藏明代方志选刊续编》，38 册，76 页。

㊼ 参见《年中行事》，见[日]中川忠英：《清俗纪闻》，卷一，17、26、50 页，方克、孙玄龄译，北京，中华书局，2006。

㊽ 清代毛祥麟《墨余录》卷三“邑厉坛”条，见《笔记小说大观》，21 册，373 页，扬州，广陵古籍刻印社，1983。

㊾ 《再论祀孤》，载《申报》，第 1639 号，第 1 版，1877-08-28。

㊿ 婺源程氏排日账＃8，光绪十年至十一年抄本，无页码。

(51) 婺源程氏排日账＃11，光绪十七年至二十二年，无页码。

(52) 婺源程氏排日账＃12，光绪二十六年，无页码。

(53) 婺源程氏排日账＃13，光绪二十七年，无页码。

(54) 参见刘劲峰：《河田镇社公醮仪述略》，见杨彦杰主编：《长汀县的宗族、经济与民俗》(下册)，871～888 页，香港，国际客家学会、海外华人研究社、法国远东学院，1998。

(55) 《建醮大小□□□□》，29b 页，民国抄本。

(56) 蔡志祥：《打醮：香港的节日和地域社会》，46～51 页，香港，生活·读书·新知三联书店，2000。

(57) James L. Watson, “The Structure of Chinese Funerary Rites:

Elementary Forms, Ritual Sequence, and the Primacy of Performance," in James L. Watson and Evelyn S. Rawski, eds. , *Death Ritual in Late Imperial China* , Berkeley and Los Angeles: University of California Press, 1988, pp. 3-19.

㊳ 形态分析法是由俄国学者弗拉基米尔·普洛普(Vladimir Propp)倡导民间文学研究法，侧重对民间传说的叙事结构进行分析，20 世纪八九十年代以来被引入文化史研究。

㊴ 李升宝主编：《客家撷英：长校史踪》，160～161 页，北京，中国广播电视大学出版社，1996；李升宝：《清流县长校村的宗族传统调查》，见杨彦杰主编：《汀州府的宗族庙会与经济》，280～282 页，香港，国际客家学会、海外华人研究社、法国远东学院，1998。

㊵ 《长校李氏族谱》(木活字本)，卷首，1a～1b 页，宣统元年。

㊶ 《李公斗社公》，见长汀县民间文学集成编委会编：《中国民间故事集成·福建卷·长汀县分卷》(铅印本)，133～137 页，1991。劳格文也提到这个传说，参见 John Lagerwey, "Notes on the Symbolic Life of a Hakka Village,"见《民间信仰与中国文化国际研讨会论文集》，743～744 页，台北，汉学研究中心，1994。

㊷ 童金根：《清流县东山肖氏的宗族传说及其庙会》，见杨彦杰主编：《闽西的城乡庙会与村落文化》，212～213 页，香港，国际客家学会、海外华人研究社、法国远东学院，1997。杨彦杰：《闽西东山萧氏的宗族文化及其特质》，见蒋斌、何翠萍主编：《第三届国际汉学会议论文集·人类学组：国家、市场与脉络化的族群》，125 页，台北，"中研院"民族学研究所，2003。

㊸ 赖光耀：《四都镇的宗族与庙会》，见杨彦杰：《长汀县的宗族、经济与民俗》(下册)，452 页，香港，国际客家学会、海外华人研究社、法国远东学院，2002。

㊹ 同上书，468～469 页。

㊺ Lagerwey, "Notes on the Symbolic Life of a Hakka Village,"

p. 744.

⑥ 劳格文、张鸿祥：《涂坊的经济、宗族与节庆》，见杨彦杰：《长汀县的宗族、经济与民俗》(下册)，606～607 页，香港，国际客家学会、海外华人研究社、法国远东学院，1998。劳格文提供了这个传说的英译本，见 Lagerwey, "Notes on the Symbolic Life of a Hakka Village," pp. 742-743.

⑥ 刘大可：《传统客家村落的神明香火缘起类型——以闽西武平县北部村落为例》，载《客家》，25～26 页，2005(3)；杨彦杰：《永平帽村的方氏宗族》，见《闽西客家宗族社会研究》，109 页，香港，国际客家学会、海外华人研究社、法国远东学院，1996。

⑥ 刘大可：《传统客家村落的神明香火缘起类型——以闽西武平县北部村落为例》，载《客家》，25 页，2005(3)。

⑥ 廖善金：《泉上乡的传统经济与民俗文化》，见杨彦杰主编：《宁化县的宗族、经济与民俗》(上册)，127～128 页，香港，国际客家学会、海外华人研究社、法国远东学院，2002。

⑦ 九鲤仙信仰发源于福建仙游。

⑦ 参见《志余》，见道光十年修《永定县志》，卷三十一，1b～3a 页，福建师范大学图书馆藏抄本。亦见杨彦杰：《闽西东山萧氏的宗族文化及其特质》，见蒋斌、何翠萍主编：《第三届国际汉学会议论文集·人类学组：国家、市场与脉络化的族群》，125～126 页，台北，"中研院"民族学研究所，2003。

⑦ 刘永华：《道教传统、士大夫文化与地方社会：宋明以来闽西四保邹公崇拜研究》，载《历史研究》，72～87 页，2007(3)。同时参见巫能昌：《闽西客家地区的伯公、社公与公王崇拜》，载《世界宗教研究》，84～93 页，2014(1)；特别是 91～93 页。

⑦ Lagerwey, "Notes on the Symbolic Life of a Hakka Village," pp. 748-749.

⑦ John Lagerwey, *China：A Religious State*, Hong Kong：Hong Kong University Press, 2010，尤其是第一章与第四章。

㉕ 劳格文在此重申的是司马虚的看法。司马虚认为，道教科仪在华南地区的渗透过程，是一个长期的文化过程。参见 Michel Strickmann, "The Tao Amongst the Yao: Taoism and the Sinification of South China," 见酒井忠夫先生古稀祝賀紀念の會编：《歷史にあける民眾と文化：酒井忠夫先生古稀祝賀紀念論集》，27～28 页，東京，國書刊行會，1982。

㉖ 《重修祖庙新建跃龙桥记》，见《长校李氏族谱》(木活字本)，卷之首，1a～2a 页，宣统元年。

㉗ 《灵异记》，见《长校李氏族谱》(木活字本)，卷之首，2a～2a 页，宣统元年。

㉘ 《五郎祖除妖灵异记》，见《长校李氏族谱》(木活字本)，卷之首，1a～2a 页，宣统元年。

㉙ 同上书，1a～1b 页。

㉚ 《灵异记》，见《长校李氏族谱》(木活字本)，卷之首，2a～2a 页，宣统元年。

㉛ 有趣的是，根据弘治《八闽通志》的记载，成化八年(1472 年)清流县有七里，但里社坛只有六所(参见表 4-1)。四保里很可能是清流县唯一没有里社坛的里。

结 语

对社稷和厉的祭祀，从上古发端一直延续至今，是中国传统祭祀礼仪的一个基本组成部分。明清时期的里社坛、乡厉坛祭祀制度，就是建基于这一传统之上的。不过跟前代不同的是，明代应该是历史上首次系统地对社稷坛、厉坛加以制度化，并尝试在乡村广泛、深入、持久地加以推行的一个朝代。

在乡村推行里社坛、乡厉坛制度的过程中，明王朝在全国各地乡村建立了为数甚多的里社坛、乡厉坛。每个州县修建的坛场，少则十数所、数十所，多则数百所。每隔两个多月，就在这些坛场举行一次祭祀。根据制度的设计，数量不等的民众被安排参与祭祀的不同环节。由于这种制度的安排，相当一部分民众终其一生，参与两坛祭礼的机会可能多达一两百次。借由这种方式，明王朝一度将国家的核心象征成功渗入乡民中间，里社坛、乡厉坛成为帝国在乡村的缩影。

明代中叶以后，根据礼制建立的里社坛、乡厉坛，在多数地方先后被废弃，相关祭祀停办。不过这些坛场的废弃、祭祀的停办，并不意味着对社、厉的祭祀退出了乡村的历史舞台。相反，不少资料证明，社、厉以各种形态扎根于乡村社会。通过各种方式的分割，原本在里（或乡、都、图等层级）建立的里社坛、乡厉坛，被分割为不同村落、宗族乃至其分支群体和自愿会社的祭祀对象。社、厉的供奉方式，有的地方保持了"坛而不屋"的形制，更多地方则改为建祠供奉。对社、厉的祭祀，从坛场转移至祠庙；祭祀的主体，从朝廷预设的里甲共同体，转变为一村、一族乃至某一会社；对社、厉的祭祀，增加了建醮等类型，也被民俗化，成为年中行事的一个部分。另外，借由里社坛、乡厉坛制度，相关的祭祀礼仪也渗入乡村礼仪，为乡村的仪式表演提供了仪式框架；而对社神和厉的信仰也进入乡村，成为乡村神谱的一个组成部分。

当然，在融入乡村的过程中，一方面，社、厉的祭祀给乡村礼仪带来了影响；另一方面，祭祀仪式本身也发生了不少变动，同时作为一种象征，它们——特别是社神——的意义也发生了值得注意的变化。在与不同社会群体结合的过程中，它们是丰产之神，也是群体团结的象征。在某些地区，民众对这个帝国象征的理解，则从丰产之神，转而被表述为一个需索无厌的邪魔，这种表述，曲折地反映了民众心目中的帝国形象——或至少是民众心目中的所谓"父母官"的形象。

时至今日，社、厉并未退出历史舞台，它们还存留于不少乡村地区的制度、仪式、传说当中，继续影响着民众的社会生活与象征生活。一些地区对社、厉的祭祀，近年还出现兴盛发展之势。如何理解这种现象，关注当下的社会变动是必不可少的，而对史学工作者而言，对历史的回顾更是题中之义，这正是笔者撰写这本小书的出发点之一。

后 记

对本书所谈主题的思考，可以追溯至18年前笔者在四保开展田野调查之时。那一年是2001年。这已不是笔者第一次造访四保，不过此次考察时间最长，考察方向也最全面。在对四保盆地的几个村落进行地毯式搜查的过程中，遍布于当地乡村的社坛和厉坛，很快就进入了笔者的视野。这些坛场及其在现今乡村中扮演的角色，引发了笔者对明初以降里社坛、乡厉坛制度与当地乡村社会之间关系的探索。五六年后，一篇与此相关的论文发表了。那篇文章谈到的是本书最后一个部分的主题，即当地斗法传说中的社神形象。①

笔者的思考并未就此结束。毕竟，里社坛、乡厉坛与乡村社会的关系，涉及几个不同面向，而社神形象只是其中之一。另一个重要面向，是社坛、厉坛分割背后的社会史脉络。只是到了前几年，在整体思考寺庙在宋元以降四保社会演进中扮演的角色时，笔者对这个面向才进行了较为系统的处理。相关成果已于去年发表，所涉主题是社坛、厉坛的分割及其与四保乡村的结合过程②。另外，今年付印的专著《礼仪下乡：明代以降闽西四保的礼仪变革与社会转型》(生活·读书·新知三联书店)中，对四保的社坛、厉坛的分割及当地斗法传说中的社神形象也进行了讨论。

不过，由于上述论著讨论的主题各异，对社坛、厉坛的讨论，常常必须服从于主题的要求，因而对这一制度的处理有片面之嫌，留下不少遗憾。这本小书的写作，可以说弥补了这一缺憾。在这里，笔者将讨论的空间范围拓展至全国(当然，主要个案来自南中国地区)，同时也拓宽了讨论的主题。与上述论著相比，本书不仅较为系统地梳理了里社坛、乡厉坛制度出台的历史脉络和各地的推行实态，也较为全面地探讨了两坛与明清乡村社会之间的关系。

在思考明清里社坛、乡厉坛制度的过程中，笔者参与的几个学术活动，加深了对这一制度的了解。其一，参与郑振满、丁荷生二师组织的莆田平原田野考察，在此过程中具体感受了两坛对莆田乡村的影响；其二，在涉足明清徽州乡村社会研究的过程中，了解到社祭和社会在徽州乡民生活中扮演的角色；其三，2017—2018年浙南遂昌的田野考察经历，让笔者了解到当地的社祭和厉祭实态。参与这些活动，为笔者从更广阔的空间中思考两坛提供了契机。在本书的相关论述中，这些活动都在不同程度上留下了印记。

在这漫长的思考过程中，在本书的写作过程中，不少师友为笔者提供了帮助。首先，要感谢的是在汀州、徽州和浙南遂昌等地田野考察期间，当地文史工作者和民众提供的各种形式的帮助。在四保考察期间，邹恒琛先生、邹降瑞先生及邹日昇先生、李升宝先生跟我分享了他们对家乡历史的记忆；而吴德祥不仅提供了两坛信息，还在生活方面给予诸多照顾。笔者的徽州考察先后得到了卜永坚、巫能昌、朱忠飞、温海波、董乾坤等人的帮助。在此谨向以上各位致谢。

其次，应该感谢郑振满师和丁荷生师。他们长期经营莆田平原，对包括社稷祭祀在内的当地历史的诸多面向都有深刻认识，并撰写过相关的研究论著。郑师更是对明清福建社神的演变作过深入而富于启发的探讨。他们的研究是这本小书思考两坛的一个出发点和灵感来源。

再次，还应感谢劳格文教授。出于职业的敏感，劳格文教授在汀州田野考察期间，就关注到当地流传的斗法传说，并在相关论著中作了介绍和解读。笔者对这些传说的解读与他不尽相同，但他对这一问题的思考，无疑为笔者提供了重要的参考。近些年，他还多次组织学者前往浙南考察。我有幸参与了他组织的 2017 年遂昌民俗考察活动，从而获得了了解当地社神崇拜的一次宝贵机会。同时感谢那次考察的搭档吴铮强教授和考察小组的"小伙伴"。

2018年夏，笔者还参与了香港中文大学、北京大学人文社会科学研究院和浙江大学组织的遂昌考察活动，走访了当地的另一些乡镇，在此过程中了解到更多当地社祭、厉祭的信息，感谢此次活动的策划者、组织者科大卫、贺喜、杜正贞、傅俊等教授（杜正贞教授还是2017年遂昌考察活动的组织者之一）。

在本书撰写过程中，赵世瑜教授把自己在华北田野考察中发现的碑铭史料慷慨相赠，在此谨表谢忱。

本书即将杀青之际，李庆宏、张金林二君尽心助我核对史料，纠正了原稿的不少错误，谨致感谢。

最后，这本小书的写作，还离不开宋旭景女士的邀约和鼓励。她邀请笔者加盟"历史人类学小丛书"，敲定本书主题后，又以软硬兼施的方式，提醒懒散的我按时清理欠下的文债。笔者在此也一并致谢!

2019 年 2 月 26 日改定于光华楼

注 释

① 刘永华:《道教传统、士大夫文化与地方社会:宋明以来闽西四保邹公崇拜研究》,载《历史研究》,72~87 页,2007(3)。

② 刘永华:《寺庙进村:闽西四保的寺庙、宗族与村落(约 14—20 世纪)》,载《历史人类学学刊》,16 卷,1 期,1~38 页,2018(4)。

图书在版编目（CIP）数据

帝国缩影：明清时期的里社坛与乡厉坛/刘永华著. —北京：
北京师范大学出版社，2020.1（2021.8重印）
（历史人类学小丛书）
ISBN 978-7-303-25334-0

Ⅰ.①帝… Ⅱ.①刘… Ⅲ.①祭祀－风俗习惯－研究－
中国－明清时代 Ⅳ.①K892.29

中国版本图书馆 CIP 数据核字（2019）第 263058 号

营　销　中　心　电　话　010-57654738　57654736
北师大出版社高等教育与学术著作分社　http：//xueda. bnup. com

DIGUO SUOYING
出版发行：北京师范大学出版社　www. bnup. com
　　　　　北京市西城区新街口外大街 12-3 号
　　　　　邮政编码：100088
印　　刷：北京盛通印刷股份有限公司
经　　销：全国新华书店
开　　本：890 mm×1240 mm　1/32
印　　张：7.25
字　　数：80 千字
版　　次：2020 年 1 月第 1 版
印　　次：2021 年 8 月第 2 次印刷
定　　价：49.00 元

策划编辑：宋旭景　　　　　　　　责任编辑：贾理智
美术编辑：王齐云　　　　　　　　装帧设计：王齐云
责任校对：段立超　王志远　　　　责任印制：马　洁